丸ごとコンポートからババロア、アイスクリーム、
パウンド、タルト、ショートケーキまで

桃のお菓子づくり

Elegant & Natural Peach sweets

今井ようこ　藤沢かえで

この本について

赤ちゃんのほっぺのように丸く、ころんとした形。
オフホワイトから濃いピンクへと
変わってゆく美しい色のグラデーション。
ひと口ごとに果汁があふれるみずみずしさ。
そして、奥ゆかしく繊細な甘い香りと味わい。

本書は、こんな桃の魅力を最大限に生かしたレシピを
桃を心から愛する皆さんにお届けする一冊です。

今回、ふたりの先生にレシピを考案していただきました。
ひとりは、フランス菓子のサロン「l'erable」を
主宰する藤沢かえでさん。
もうひとりは、卵、乳製品、白砂糖なしの
ナチュラルスイーツを提案し、
料理教室「roof」を主宰する
料理研究家、今井ようこさんです。

もちろん、藤沢さんも今井さんも桃が大好き。
藤沢さんは、毎年夏には、必ず桃づくしの
お菓子レッスンを開催していますし（常にキャンセル待ちの人気クラス）、
今井さんにいたっては「生まれ変わったら桃になりたい！」と常々公言しているほどです。

藤沢さんのお菓子は、気軽に作れる、クッキーやパウンドケーキ、マドレーヌ、
ババロアから、桃モンブランや桃と薔薇のヴァシュラン・グラッセなどの
特別な日に作りたくなる華やかなお菓子までと、幅広い顔ぶれ。
コンポートだけで4レシピ、ジャムだけで8レシピも提案していますから
お菓子作り初心者の方は、ここから作ってみるのもいいかもしれません。

そして今井さんのナチュラルスイーツ。
こちらは、白砂糖や乳製品が体質に合わない方はもちろん、
そうでない方も、おいしく食べられるレシピです。
材料もスーパーで手に入るものばかりですし、作り方も簡単です。
「ナチュラルスイーツは今まで作ったことがない」
「ナチュラルスイーツって健康重視の甘くないお菓子なんでしょ？」という方にも、
ぜひトライしていただけたらと思います。
新しいお菓子の扉が開くことまちがいなしです。
こちらは、材料も作り方もシンプルで、
それだけでも立派な「桃のお菓子」になる
コンポートから作ってみるのはいかがでしょうか。

ふたりの先生が、「桃のお菓子」を研究するにあたって気をつけたこと。
それは、桃のおいしさを生かしきることでした。
実は、桃の味はとても繊細なので、
加熱の具合や、甘味料や卵、乳製品、スパイス類の配合のバランスが
とても難しいのです。
少しでも多すぎると、桃のよさをなくしてしまうし、
少なすぎると「桃だけ食べたほうがおいしい味」となってしまう。

藤沢さんと今井さんが、愛しい桃を、よりおいしく食べるために
研究に研究を重ねた「桃のお菓子」64レシピ。
旬の桃を使って、ぜひともあれこれ作ってみてください。

contents

フランス菓子ベースの
エレガントな桃のお菓子
Dessert elegant de pêche

卵・白砂糖・乳製品なしの
ナチュラルスイーツ
Natural Peach Sweets

［ この本のルール ］

・1 ㎖ ＝1cc。

・大さじ1は15㎖、小さじ1は5㎖。

・オーブン使用の場合、電気でもガスでも本書のレシピ通りの
温度と時間で焼いてください。ただし、メーカーや機種によっ
て火力が違うので、様子を見ながら温度は5℃前後、時間は
5分前後、調整してください。

・桃（生）は1個＝200g（皮と種を除いた正味）としています。

フランス菓子ベースの
エレガントな桃のお菓子

Dessert élégant de pêche

白桃と紅茶のコンポート
→作り方はP9

白桃のプレーンコンポート
→作り方はP8

毎年7月になると、桃のお菓子だけのレッスンを設けるほど、桃が好きです。

桃のお菓子だけのレッスンを設けるほど、好きを超えて敬意を抱いていると言っていいかもしれません。

桃の風味や香りはとても繊細なので卵や乳製品の配合を少しでも間違えると桃のよさが消えてしまいます。

だからこそ、本書では、桃のよさを最大限に生かしたレシピを追求しました。

この章では、ババロアやマドレーヌ、アイスクリーム、タルトなどフランス菓子ベースのクラシックなお菓子を中心に紹介しています。

気軽に作れる簡単なものから、少し頑張って作るものまで39レシピご紹介しています。

毎日のおやつに、特別な日にぜひ、作ってみてください（藤沢かえで）。

黄桃のプレーンコンポート
→作り方はP8

黄桃の赤ワインコンポート
→作り方はP9

白桃のプレーンコンポート

コンポートはいちばんシンプルな〝桃のお菓子〟。白ワインとレモン果汁で風味づけをしたプレーンなコンポートはシロップもいろいろなお菓子に使えます。きれいなピンク色に仕上げるコツは、種と皮をいっしょに煮ること。種と皮はすぐに捨ててしまわないよう気をつけてくださいね。

材料 桃2個分

白桃（生）… 2個分（正味400g）
白ワイン … 200㎖
水 … 400㎖
レモン果汁 … 大さじ1
グラニュー糖 … 200g

（保存期間）
・冷蔵庫で約1週間
・冷凍庫で約半年間

作り方

1 桃をよく洗い、ぐるりと果物ナイフを入れ、ひねって半分に割って種を取り出し、皮をむく（右ページ下欄参照）。

2 直径20cm程度の鍋に桃以外の材料を入れて中火にかけ、グラニュー糖を溶かすⓐ。

3 2に1の桃と種と皮を入れてキッチンペーパーなどで落としぶたをする。ひと煮立ちしたら火を止めてそのまま冷ますⓑ。

4 冷めたら煮沸消毒した瓶にシロップごと入れて冷蔵庫または冷凍庫で保存する。

黄桃のプレーンコンポート

材料も作り方もほぼ「白桃のプレーンコンポート」と同じですが、ピンク色に色づけする必要はないので種と皮は入れずに煮ます。黄桃が出回る時期は8月中旬から9月いっぱいと、白桃よりも旬のシーズンが短いので手に入ったら、ぜひ、保存できるコンポートにして長く楽しんでください。

材料 桃2個分

黄桃（生）… 2個分（正味400g）
白ワイン … 200㎖
水 … 400㎖
レモン果汁 … 大さじ1
グラニュー糖 … 200g

（保存期間）
・冷蔵庫で約1週間
・冷凍庫で約半年間

作り方

1 桃をよく洗い、ぐるりと果物ナイフを入れ、ひねって半分に割って種を取り出し、皮をむく（右ページ下欄参照）。

2 直径20cm程度の鍋に桃以外の材料を入れて中火にかけ、グラニュー糖を溶かす。

3 2に1の桃を入れてキッチンペーパーなどで落としぶたをする。ひと煮立ちしたら火を止めてそのまま冷ます。

4 冷めたら煮沸消毒した瓶にシロップごと入れて冷蔵庫または冷凍庫で保存する。

白桃と紅茶のコンポート

桃の風味と紅茶の香りは、お互いを引き立てててもよく合います。おすすめの紅茶は柑橘の香り豊かなアールグレイ。柑橘と桃もまたよく合うのです。リーフティーを使う場合はお茶パックに入れてください。

材料 桃2個分

白桃 (生) … 2個分 (正味400g)
白ワイン … 200㎖
水 … 400㎖
レモン果汁 … 大さじ1
グラニュー糖 … 200g
紅茶のティーバッグ
（アールグレイ）… 1袋 (3g)

保存期間

・冷蔵庫で約1週間
・冷凍庫で約半年間

作り方

1 桃をよく洗い、ぐるりと果物ナイフを入れ、ひねって半分に割って種を取り出し、皮をむく（下欄参照）。

2 直径20cm程度の鍋に桃以外の材料を入れて中火にかけ、グラニュー糖を溶かす。

3 2に1の桃と種とティーバッグを入れてキッチンペーパーなどで落としぶたをする。ひと煮立ちしたら火を止め、ティーバッグは取り出し、そのまま冷ます。

4 冷めたら煮沸消毒した瓶にシロップごと入れて冷蔵庫または冷凍庫で保存する。

黄桃の赤ワインコンポート

甘さを控えめにし、シナモンを効かせ、赤ワインで煮たコンポートは、そのままおつまみにもぴったりです。チーズや生ハムともよく合うので、グリーンリーフなどとミックスしてサラダにするのもおすすめです。

材料 桃2個分

黄桃 (生) … 2個分 (正味400g)
赤ワイン … 200㎖
水 … 400㎖
グラニュー糖 … 170g
シナモンスティック … 1/2本

保存期間

・冷蔵庫で約1週間
・冷凍庫で約半年間

作り方

1 桃をよく洗い、ぐるりと果物ナイフを入れ、ひねって半分に割って種を取り出し、皮をむく（下欄参照）。

2 直径20cm程度の鍋に桃以外の材料を入れて中火にかけ、グラニュー糖を溶かす。

3 2に1の桃を入れてキッチンペーパーなどで落しぶたをする。ひと煮立ちしたら火を止め、そのまま冷ます。

4 冷めたら煮沸消毒した瓶にシロップごと入れて冷蔵庫または冷凍庫で保存する。

桃の実を傷つけずに
きれいに種を取り出す方法

桃の割れ目に沿ってぐるりと果物ナイフを入れたら、ひねって半分に割り種を取り出す。

Memo

・桃の皮は、煮ると指でつるんとむくことができますが、かたい桃の場合ははがれにくいので、実を傷つけないように、果物ナイフでそっとむいてください。

・かたい桃の場合は、煮る時間を少し長めにしてください。

アーモンドをミルクで煮出して作る
ふるふるのブランマンジェと
桃のコンポート、そしてコンポートシロップで
作るジェリーはよく合います。
桃の風味を際立たせるため、アーモンドの量を
一般的なブランマンジェのレシピよりもやや控えめにしています。
ブランマンジェだけで楽しみたい場合は
アーモンドを20g増やしてください。

桃ブランマンジェ

材料　4人分

A 牛乳 … 150g（150㎖）
　水 … 30g（30㎖）

B アーモンドスライス … 55g
　グラニュー糖 … 45g

C 粉ゼラチン … 4g
　冷水 … 20g（20㎖）

生クリーム（乳脂肪分45%）… 30g（30㎖）

白桃のプレーンコンポートのシロップ（P8）… 100㎖

水 … 100㎖

D 粉ゼラチン … 4g
　冷水 … 20g（20㎖）

桃リキュール … 3g（小さじ1弱）

白桃のプレーンコンポート（P8）… 1個（200g）

下準備

＊ CとDの粉ゼラチンは冷水でふやかしておく。

※ 板ゼラチンを使う場合は、ゼラチンが十分に浸る量の冷水で約15分ふやかします。水けをしっかりと絞って使用します。

※ 冷水でふやかさないと、ゼラチンが水に溶けるのでご注意ください。

作り方

1　Aを鍋に入れてかるく沸騰させたら、Bを加える。

2　再度沸騰したら火を止め、ふたをして10分間蒸らす。

3　2をざるでこしてアーモンドをぎゅっと押しつけて液体を搾り出す@。ふやかしたゼラチンCを入れて溶かす（目安は60℃）。

4　3の重さをはかり、牛乳（分量外）を足して230gにする。

5　氷水にあてて冷やしたら（目安は20℃）ⓑ、ゆるく泡立てた生クリームⓒを混ぜる。

6　混ぜながらさらに冷やしてとろみがついてきたらグラスに分け入れ、冷蔵庫で30分以上冷やし固める（ブランマンジェ）。

7　コンポートのシロップと水を小鍋に入れて軽く温める（目安は60℃。80℃以上になると固まりにくくなるので注意）。

8　7にふやかしたゼラチンDを入れて溶かしたら、桃リキュールを混ぜる。

9　8を氷水で冷やしてとろみがついてきたら、6のブランマンジェの上にそっと流し入れる。コンポートをひと口大に切り、ゼリーの中に入れて冷蔵庫で30分以上冷やし固める。

桃と薔薇のアイスクリーム

材料 作りやすい分量

白桃(生) … 1個分 (正味200g)

生クリーム(乳脂肪分45%) … 100g (100㎖)

レモン果汁 … 大さじ2

A クリームチーズ … 100g

| コンデンスミルク … 100g

ローズウォーター … 大さじ2

下準備

＊クリームチーズは室温に戻してやわらかくしておく。

（保存期間）

・冷蔵庫で約1カ月間

・冷凍庫で約半年間

作り方

1 生クリームを8分立てにするⓐ。

2 桃の皮をむいて実を手で粗めにつぶし、レモン果汁を色どめのためふりかける。

3 ボウルに**A**を入れてハンドミキサーで滑らかになるまで混ぜる。

4 3にローズウォーターと2を加えてゴムべらで混ぜ、1も入れてさっくりと混ぜ合わせる。

5 バットに4を流し入れて冷凍庫で3時間以上冷やし固める。

※途中で混ぜなくても大丈夫ですが、1時間ごとにスプーンで混ぜるとさらに滑らかに仕上がりますⓑ。

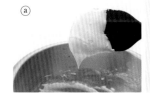

薔薇の香りと桃の風味の相性はとてもいいので、
口いっぱいに薔薇と桃の香りが広がるところを
想像しながらアイスクリームを作ってみました。
やさしくやわらかな風味にしたくて、
甘みはコンデンスミルクのみでつけました。
また桃とよく合うクリームチーズを入れ、
少し酸味を加えたところもポイントです。

フレッシュな白桃をピュレにし、
ローズマリーの香りを強めにつけた
少し大人っぽい味わいのソルベです。
食後のデザートとしてはもちろん、
食事途中の口直しにもぴったり。
おいしく作るコツは、ローズマリーをしっかりと
蒸らして香りを桃に移すこと。
シャンパンやスパークリングワインと合わせて
大人のクリームソーダスタイルにしても楽しめます。

桃とローズマリーの
ソルベ

材料 4人分

白桃（生）… 1と1/4個（正味250g）

A水 … 50g（50㎖）
┃ レモン果汁 … 10g（小さじ2）

グラニュー糖 … 50g

ローズマリー … 10cm × 3枝

桃リキュール … 10g（小さじ2）

Memo

シャンパンやスパークリングワインにソルベ
をのせて、フレッシュなローズマリーを飾る
と大人のグラスデザートとして楽しめます。

（ 保存期間 ）

・冷凍庫で約1カ月間

作り方

1　桃の皮をむき、適当な大きさに切る。

2　1とAをミキサーにかけてピュレ状にするⓐ。

3　小鍋に2とグラニュー糖を入れて中火にかけ、周り
　がふつふつとしてくるまで軽く温める。

4　火を止め、ローズマリーを入れてⓑふたをし、15分
　間蒸らして香りを移す。

5　4に桃リキュールを混ぜてバットに移し、冷凍庫で3
　時間以上冷やし固める。1時間して固まってきたら
　スプーンでかき混ぜる。これを2〜3回繰り返すと
　滑らかに仕上がる。

桃とジャスミンティーのチェー

白桃のコンポートに氷とゼリーにしたジャスミンティーを合わせ、ベトナム風の伝統的なデザート「チェー」をイメージして作りました。さっぱりとした組み合わせが暑い時期にぴったりです。より甘いほうが味のバランスがとれるので桃のコンポートを使いましたが、なければ生の桃で作っても。私は、より「チェー」らしくなるので、仕上げにコンデンスミルクをたっぷりかけるのが好きです。

材料　4人分

白桃のプレーンコンポート（P8）… 1個分（200g）

[タピオカココナツ]

タピオカ … 50g

A　ココナツミルク … 200g（200㎖）
　　牛乳 … 100g（100㎖）
　　グラニュー糖 … 40g

[ジャスミンティーゼリー]

ジャスミンティーa … 200g（200㎖）

グラニュー糖 … 40g

粉ゼラチン … 4g

冷水 … 20g（20㎖）

ジャスミンティー（氷用）… 400g（400㎖）

コンデンスミルク … 好みの分量

下準備

＊氷用のジャスミンティーを凍らせておく。
＊粉ゼラチンは冷水でふやかしておく。

作り方

1　タピオカはたっぷりのお湯で15～20分ゆでる。

2　鍋にAを入れて中火にかけ、グラニュー糖を溶かす。

3　2の粗熱をとって、湯切りした1のタピオカと合わせる。

4　ジャスミンティーaにグラニュー糖を入れて中火にかけて温める（目安は60℃）。ふやかしたゼラチンを入れて溶かす。バットに入れて冷蔵庫で1時間以上冷やし固める。

5　グラスに3を入れ、4のゼリーを崩して上にのせる。コンポートをひと口大に切ってのせる。かき氷機でジャスミンティーの氷を削り、さらにのせる。食べるときに、コンデンスミルクをかける。

桃のパフェ

白桃のプレーンコンポート、
桃と薔薇のアイスクリーム、
桃とローズマリーのソルベと3種の桃スイーツを
盛り付けた嬉しいデザートです。
とれも作り置きできるメニューなので、
少しずつ余ったところで盛り合わせて
豪華なパフェとして楽しむのはいかがでしょう。
冷凍ラズベリーで、味に酸味を、
見た目に華やかさをプラスしました。

材料 4人分

A 生クリーム（乳脂肪分45%）… 100g（100mℓ）
│ グラニュー糖 … 10g
ラズベリー（冷凍）… 40g
グラニュー糖 … 20g
プレーンヨーグルト … 80g（無糖）
白桃のプレーンコンポート（P8）… 1個分（200g）
桃と薔薇のアイスクリーム（P12）… 200g
桃とローズマリーのソルベ（P15）… 200g
ピスタチオ … 適量

下準備

＊ラズベリーは解凍しておく。

作り方

1 **A**を8分立てにし、星口金をセットした
　　絞り袋に入れる。

2 ラズベリーとグラニュー糖を混ぜる。

3 グラスに2を入れてプレーンヨーグルトを
　　重ねる。

4 コンポートをひと口大に切ってのせる。

5 桃とローズマリーのソルベ、桃と薔薇のア
　　イスクリームを盛り付けて1を絞り出し、
　　砕いたピスタチオを散らす。

桃のババロア

材料　直径17cm×高さ7cmのゼリー型1台分

A 白桃のプレーンコンポート(P8) … 2個分(400g)

| 水 … 50g(50㎖)
| 牛乳 … 50g(50㎖)

グラニュー糖 … 70g

B レモン果汁 … 小さじ2
| 桃リキュール … 小さじ2

生クリーム(乳脂肪分35%) … 100g(100㎖)

┌ 粉ゼラチン … 12g
└ 冷水 … 60g(60㎖)

※型が大きいので取り出すときにくずれないよう、
少し固めに仕上がる配合にしています。

※小さい型で作る場合は、ゼラチン10g、
冷水50gにしてください。

下準備

＊粉ゼラチンは冷水でふやかしておく。

作り方

1　Aをミキサーにかけてピュレ状にする。

2　ボウルで1とグラニュー糖を混ぜる。

3　2の100gを小鍋に取り分けて60℃に温め、ふ
　やかしたゼラチンを入れてよく混ぜて溶かす。

4　3を2のボウルに戻し入れ、Bを入れて混ぜる。

5　別のボウルで生クリームを8分立てにする(a)。

6　4を氷水にあてながら混ぜて冷やしたら(目安
　は20℃)、5を2回に分けて入れて混ぜる。

7　6を型に流し入れて冷蔵庫で1時間以上冷や
　し固める。

　※型からはずすときは、温かいタオルで型を温めて逆さまにす
　るときれいにできます(b)。

　※生の桃だと茶色になるのでぜひともコンポートで。

ひと匙食べて「桃以上に桃！」と思えるような、一品ができました。

淡くやさしいピンク色のどこか懐かしい感じのするババロアです。

ぎりぎりまで試作を重ねました。

簡単でおいしくて、桃好きの皆さんもきっと納得してくださるんじゃないかな、と思うレシピです。

大きな型がなければ、お手持ちのココットやプリン型でももちろん作れます。

お詫びと訂正

『桃のお菓子づくり』
ISBN978-4-416-52064-2

本書に誤りがございました。
ここに深くお詫びし、訂正させていただきます。

P037　桃の白いロールケーキ　材料

（誤）卵白… <u>50g</u>

（正）卵白…<u>150g</u>

誠文堂新光社

桃のクレームダンジュ

クレームダンジュは、フランス・アンジュー地方のお菓子です。本来はフロマージュブランを使用しますが、この本では作りやすいように水切りしたヨーグルトとクリームチーズで作りました。中心には、チーズやヨーグルトと相性のいい白桃のプレーンコンポートをぎっしり詰めました。

材料　直径6cm×高さ3cmの容器4個分

無糖プレーンヨーグルト … 300g

クリームチーズ … 50g

グラニュー糖 … 45g

キルシュ … 5g（小さじ1強）
※なければホワイトラムでも可。

生クリーム（乳脂肪分45%）… 100g（100㎖）

白桃のプレーンコンポート（P8）… 80g

白桃のプレーンコンポート（P8）… 適量（ソース用）

下準備

＊ボウルにざるを重ね、キッチンペーパーを敷きプレーンヨーグルトを入れ、ラップをかける。冷蔵庫に入れ、6時間ほど水切りをして150gにする。

＊ガーゼを25cm角に切ったものを4枚作る。

＊白桃のプレーンコンポート80gを粗く刻む。

＊クリームチーズは室温に戻してやわらかくしておく。

作り方

1　クリームチーズと水切りヨーグルトとグラニュー糖をボウルに入れて泡立て器で混ぜ、滑らかにし、キルシュを加えて混ぜる。

2　生クリームを8分立てにして、1に加えてゴムべらで混ぜ合わせる。

3　容器にガーゼを敷き、2のクリームを40g入れ、刻んだコンポートを20gずつ中に入れる@。

4　さらに40gのクリームを入れて⑥ガーゼでくるみ、ひもで口を縛ってコロンとした形にする©。冷蔵庫で3時間以上冷やし固める。

5　ソース用のコンポートを細かく切って滑らかにする。器に4とともに盛り付ける。

→作り方はすべて P24

Thé

白桃と紅茶のジャム

白桃プレーンジャム

nature .

白桃と薔薇のジャム

Rose …

白桃とローズマリーのジャム

Romarin

→作り方はすべて P25

黄桃プレーンジャム

nature.

黄桃とシナモンのジャム

Cannelle.

黄桃とジンジャーのジャム

Gingembre.

黄桃とピンクペッパーのジャム

Poivre rose.

白桃プレーンジャム

冷蔵庫保存のうえ、早めにお召し上がりください。

桃の風味を楽しめます。

糖度が低めなのでフレッシュな

はちみつでやさしい甘さに仕上げました。

桃1個で手軽に作ることのできるジャムです。

材料 桃1個分

白桃(生) … 1個(正味200g)
A グラニュー糖 … 40g(桃の重さの20%)
　 はちみつ … 40g(桃の重さの20%)
　 レモン果汁 … 15g(大さじ1)

下準備

＊バットを冷凍庫で冷やしておく。

保存期間

・冷蔵庫で5日間
・冷凍庫で2カ月間

作り方

1　桃の種を取り、皮をむく(P9)。実の重さ
　　を量って糖分の量を計算する。粗くざく
　　切りにする@。

2　手で桃をつぶし⑥、**A**と種とともに鍋に
　　入れ、弱めの中火にかける。

3　アクが出てきたらすくい、焦がさないよう
　　に15分間煮る©。

4　冷やしておいたバットにジャムをたらし@、
　　下に流れてこないくらいのかたさになれ
　　ばでき上がり@。煮沸消毒した瓶に入
　　れ、ふたをして冷ます。

白桃プレーンジャムを
アレンジ

白桃プレーンジャムの基本は作り方の基本は白桃プレーンジャムと同じです。

白桃プレーンジャムに材料を加えて、個性豊かな桃ジャムにアレンジしました。

○ 白桃と紅茶のジャム

アールグレイの紅茶のティーバッグの中身半量(1.5g)
を作り方2で、つぶした桃といっしょに煮る。

○ 白桃と薔薇のジャム

食用の薔薇の花びら5gを作り方2で、つぶした桃と
いっしょに煮る。薔薇はアップルロゼがおすすめ。花び
らは1枚を4等分の大きさに切る。

○ 白桃とローズマリーのジャム

作り方3でジャムを煮て火を止めた後、生のローズマ
リー5cmを細かく切りジャムに混ぜ混む。

※香りが強いのでローズマリーの分量は好みにより調整してください。

黄桃プレーンジャム

黄桃は白桃に比べ果肉がしっかりとしていて果汁は少なめです。酸味がやや強いので、少し甘みを増やして仕上げました。作り方は白桃プレーンジャムとほぼ同じですが、種はいっしょには煮ません。

材料 桃1個分

黄桃 (生) … 1個 (正味200g)

A グラニュー糖 … 60g (桃の重さの30%)

はちみつ … 40g (桃の重さの20%)

レモン果汁 … 15g (大さじ1)

下準備

＊バットを冷凍庫で冷やしておく。

（保存期間）

・冷蔵庫で5日間
・冷凍庫で2ヵ月間

作り方

1 桃の種を取り、皮をむく (P9)。実の重さを測って糖分の量を計算する。粗くざく切りにする。

2 手で桃をつぶし、Aとともに鍋に入れ、弱めの中火にかける。

3 アクが出てきたらすくい、焦がさないように15分間煮る。

4 冷やしておいたバットにジャムをたらし、下に流れてこないくらいのかたさになればでき上がり。煮沸消毒した瓶に入れ、ふたをして冷ます。

黄桃プレーンジャムをアレンジ

黄桃プレーンジャムにスパイスやお酒を加え、ちょっと大人っぽい味わいのジャムとなりました。作り方は黄桃プレーンジャムと同じです。

○ 黄桃とシナモンのジャム

作り方3で火を止めた後、シナモンパウダーを小さじ1/3混ぜる。好みでラム酒少しを入れてもおいしい。

○ 黄桃とジンジャーのジャム

作り方2でしょうがのすりおろし小さじ1を入れていっしょに煮る。

○ 黄桃とピンクペッパーのジャム

ピンクペッパー小さじ1/2を粗みじん切りにし、作り方3で火を止めた後混ぜる。

桃ジャムのクラシッククッキー

甘くトロリとした
桃ジャムをのせて焼いた、
クラシカルなクッキー。
アーモンドパウダーでコクを出しました。
コーンスターチを少し加え、
口溶けのよいほろほろとした
食感にしています。

材 料　25個分

バター (無塩) … 80g

薄力粉 … 100g
※本書ではエクリチュールを使用。

アーモンドパウダー … 40g

コーンスターチ … 20g

粉糖 … 20g

白桃プレーンジャム (P24) … 50g

［ フードプロセッサーを使わない場合 ］

下 準 備

＊バターは室温に戻しやわらかくしておく。

＊オーブンを170℃に予熱しておく。

＊天板にオーブンシートを敷く。

作 り 方

1　薄力粉、アーモンドパウダー、コーンスターチを合わせてふるう。

2　バターをゴムべらでクリーム状にし、粉糖を入れて混ぜる。

3　1を2に加えてさっくりと混ぜ合わせる。

4　3をラップに包んで冷蔵庫で1時間以上休ませる。

5　生地を10gずつに分けて丸める。

6　中央にくぼみを作り ⓐ、ジャムを2gずつのせる ⓑ。

7　天板に6を並べて、170℃に予熱したオーブンで15分間焼く。

8　網などの上にのせて冷ます。

［ フードプロセッサーを使う場合 ］

下 準 備

＊バターは1cm角に切って冷凍庫で冷やしておく（やわらかいと粉と均一に混ざらない）。

＊オーブンを170℃に予熱しておく。

＊天板にオーブンシートを敷く。

作 り 方

1　フードプロセッサーに1cm角に切った冷たいバターと粉糖、薄力粉、アーモンドパウダー、コーンスターチを入れて、生地がまとまってくるまで回す。

2　ラップに包んで冷蔵庫で1時間以上休ませる。

※ここから先は、フードプロセッサーを使わない場合の作り方5からと同じです。

桃のころころクッキー

桃の形を再現した、ほのかにピンク色の
ころころしたかわいらしいクッキーです。
ロシアの「ペチェーニエ・ペルシック」
という焼き菓子から
インスピレーションを得て、生まれました。

材料 15個分

バター（無塩）… 50g

粉糖 … 15g

薄力粉 … 80g
※本書ではエクリチュールを使用。

アーモンドパウダー … 20g

白桃プレーンジャム（P24）… 30g

食紅 … 少々

グラニュー糖 … 少々

ミントの葉 … 15枚

［フードプロセッサーを使わない場合］

下準備
＊バターは室温に戻しやわらかくしておく。
＊オーブンを170℃に予熱しておく。
＊天板にオーブンシートを敷く。

作り方
1　薄力粉とアーモンドパウダーを合わせてふるう。

2　バターをゴムべらでクリーム状にし、粉糖を入れて混ぜる。

3　1を2に加えてさっくりと混ぜ合わせる。

4　3をラップに包んで冷蔵庫で1時間以上休ませる。

5　生地を5gずつに分けて丸める@。

6　天板に5を並べて170℃に予熱したオーブンで15分間焼く。

7　冷めたらナイフなどでクッキーの底のほうに穴をあけて@、ジャムを詰める@。

8　水少々（分量外）に食紅を入れて薄い赤色にし、7の表側を1秒ほどつけ、さっと引き上げる@。

9　乾かないうちにグラニュー糖をまぶす@。

10　クッキー2個の間にミントを挟んで完成@。

［フードプロセッサーを使う場合］

下準備
＊バターは1cm角に切って冷凍庫で冷やしておく。
＊オーブンを170℃に予熱しておく。
＊天板にオーブンシートを敷く。

作り方
1　フードプロセッサーに1cm角に切った冷たいバターと粉糖、薄力粉、アーモンドパウダーを入れて、生地がまとまってくるまで回す。

2　ラップに包んで冷蔵庫で1時間以上休ませる。

※ここから先は、フードプロセッサーを使わない場合の作り方5からと同じです。

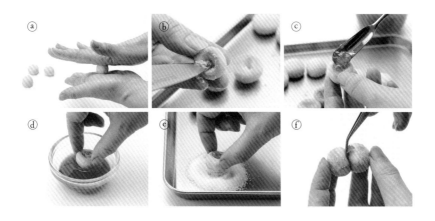

白桃プレーンジャムをたっぷり入れ、
さらにピンクペッパーとブラックペッパーでアクセントをつけました。
ポイントは塩。ちょっと多いかなと思うくらいの分量、
3つまみ分を入れると、味が引き締まります。
甘じょっぱさの中に、ピンクと黒のこしょうがピリリと効いた
パウンドケーキはくせになる味です。

桃とピンクペッパーの
パウンドケーキ

材料　縦18cm×横7.5cm×高さ6.5cmのパウンド型1台分

バター（無塩）… 100g

グラニュー糖 … 80g

全卵 … 70g

A アーモンドパウダー … 55g

　 コーンスターチ … 45g

　 薄力粉 … 40g

　 ※本書ではエクリチュールを使用。

　 ベーキングパウダー … 2g

B 塩 … 3つまみ

　 ピンクペッパー … 約30粒

　 ブラックペッパー（粉末）… 少々

白桃プレーンジャム（P24）… 100g

［シロップ］

湯 … 10g（小さじ2）

グラニュー糖 … 13g

桃リキュール … 20g（大さじ1強）

下準備

＊バターは室温に戻してやわらかくしておく。
　 卵も室温に戻しておく。

＊型にオーブンシートを敷き込む。

＊オーブンは180℃に予熱しておく。

＊粉類Aを合わせてふるっておく。

作り方

1　ボウルにバターを入れてハンドミキサー（泡立て器でも可）でつやが出るまで混ぜる。

2　1にグラニュー糖を3回に分けて入れ、混ぜる。

3　2に全卵を少しずつ混ぜる。

4　3にふるい合わせたAを3回に分けて入れ、そのつどゴムべらで混ぜる。

5　4にBを入れて混ぜる。

6　生地を絞り袋に入れて型に1/3量を絞り入れる（口金はつけない）ⓐ。

7　ジャムの半量50gを生地の上にのせるⓑ。

8　さらに、先ほどと同じように1/3量の生地を絞り入れ、残りのジャムをのせる。生地からジャムがはみでるとこげるので、中心にのせること。その上に残りの生地をジャムが見えないように絞り入れる。

9　中央のラインが少しへこむようにゴムべらなどでならし ⓒ、180℃に予熱したオーブンで40分間焼く。中央に竹串をさして生地がついてこなければ完成。

10　シロップを作る。湯にグラニュー糖を混ぜて溶かし、粗熱がとれたら桃リキュールを混ぜる。

11　生地を型からはずし、10を全体にはけで塗り、粗熱がとれたら、乾燥しないようにラップで包んで冷ます。

※シロップを塗ることで、しっとりして味も格段によくなります。

桃のマドレーヌ

材料 直径9cm×高さ1.7cmのタルトレット型7個分

白桃（生）… 1個（正味200g）

レモン果汁 … 大さじ3

A 薄力粉 … 90g

　※本書ではエクリチュールを使用。

　ベーキングパウダー … 1g

バター（無塩）… 80g

全卵 … 120g

グラニュー糖 … 80g

はちみつ … 10g

B レモン果汁 … 小さじ1

　レモンの皮のすりおろし … 小1個分

下準備

＊卵を室温に戻しておく。

＊型にバター（分量外）を薄く塗り、薄力粉（分量外）
　を薄くはたいておく。

＊オーブンは180℃に予熱しておく。

＊粉類Aを合わせてふるっておく。

作り方

1　桃は皮をむき2mm厚さのくし形に切る。レモン
　果汁をふって色止めする。

2　ボウルに卵を入れて泡立て器で溶き、グラニュー
　糖を3回に分けて入れ、そのつど混ぜる（泡立て
　る必要はなし）。はちみつを入れてさらに混ぜる。

3　2にBを加えて混ぜ、ふるい合わせたAも加えて
　ゴムべらでさっくりと混ぜる。

4　耐熱容器にバターを入れ、ラップをふわっとかけ
　て電子レンジ（600W）で1分加熱する。溶けて
　いなかったら10秒ずつ様子をみながら再度加
　熱する（一気に加熱すると爆発するので注意）。
　溶かしバターができたら3に加えて混ぜる。

5　桃はキッチンペーパーなどで水けをとる。

6　型に4を流し入れ、1個につき薄切りの桃6〜
　7枚を少しずつずらして並べる。

7　180℃に予熱したオーブンで25分間焼く。型か
　らはずして網などの上で冷ます。

薄切りの白桃を重ねて焼き込んで
ジューシーに仕上げました。
焼きたてはカリッとふわっとして香ばしく、
冷めてからは、桃のうまみが生地に
しみ込んでしっとりとした仕上がりに。
熱々も冷めてからもおいしいんです。
生地にはちみつとレモンを加えたところもポイント。
酸味とコクのある黄桃でもおいしくできます。

酸味と甘み、そしてコクもある
実がしっかりとした黄桃は
焼くとおいしさが倍増します。
フレンチトーストはオーブンで焼くスタイル。
外はカリッと中はふっくらと焼き上がります。
焼いている途中で卵液をかけることで、
ジューシーな仕上がりに。

黄桃のフレンチトースト

材料 4人分

黄桃(生) … 1個(正味200g)

バゲット … 1/2本

A 全卵 … 120g

　　牛乳 … 350g(350㎖)

　　グラニュー糖 … 40g

メープルシロップ … 適量

下準備

＊オーブンは200℃に予熱しておく。

＊バットにバター(分量外)を塗っておく。

作り方

1　バゲットを2cm厚さに切る。

2　Aを泡立て器でよく混ぜ合わせる。

3　深めのバットに2を入れて、1を裏表ともによく浸し、ラップをしてそのまま3時間ほど冷蔵庫で休ませる。

4　黄桃の種を除き、皮をむいてくし形に切る。3のバットに余っている卵液を取り分けておく。

5　3のバゲットを型に並べて間に4の黄桃を置き、200℃に予熱したオーブンで10分間焼く。

6　4で取り分けておいた卵液を全体にかけて、さらに10分間焼く。食べるときにメープルシロップをかける。

桃の白いロールケーキ

桃のやさしい甘さと風味を生かすため、卵黄は使わずに白い生地とコンデンスミルクのミルキーなクリームで仕上げました。真っ白に仕上げるコツは焼き色をきれいにはがすこと。表情がぐっと美しくなります。

材料　27cm×高さ2cmのロールケーキ型1台分

白桃（生）… 1個（正味200g）

レモン果汁 … 大さじ3

A 薄力粉 … 65g

|　グラニュー糖 … 30g

牛乳 … 50g（50㎖）

サラダ油 … 25g（27㎖）

バニラオイル … 2滴

卵白 … 50g

グラニュー糖 … 35g

生クリーム（乳脂肪分45%）… 200g（200㎖）

コンデンスミルク … 100g

下準備

＊オーブンは170℃に予熱しておく。

＊桃は皮をむき、ひと口大に切って、レモン果汁
　をまぶしておく。

＊薄力粉をふるっておく。

＊型にオーブンシートを敷き込む。

作り方

1　ボウルにAを入れて泡立て器で混ぜる。

2　1に牛乳を入れてよく混ぜ、次にサラダ油、バ
　　ニラオイルを入れて滑らかになるまで混ぜるⓐ。

3　別のボウルに卵白とグラニュー糖1/3量を入
　　れ、ハンドミキサーで泡立てる。残りのグラ
　　ニュー糖を2回に分けて、入れ、そのつど泡立
　　て、つやつやでツノがしっかりと立ったメレンゲ
　　を作るⓑ。

4　2に3をひとすくい入れて、ゴムべらや泡立て器
　　でしっかりと混ぜるⓒ。

5　残りのメレンゲを4回に分けて入れ、混ぜる。
　　最初だけ、泡立て器でやさしく表面をなでるよ
　　うにして生地となじませてから、ゴムべらでさっ
　　くりと混ぜるⓓ。残り3回も同じように混ぜる。

6　ロールケーキ型に5の生地を流し入れ、表面
　　をカードか大きいスパチュラで平らにならすⓔ。

7　170℃に予熱したオーブンで18分間焼く（中
　　央を軽く押して弾力があればOK）。

8　焼き面にオーブンシート（なければラップ）を張
　　り付けてはがしたらⓕ、指先でやさしくなでな
　　がら残った焼き面を取り、生地を冷ます。

9　生クリームにコンデンスミルクを入れてかために
　　泡立てる。

10　8の生地に9のクリームを塗る。手前は多めに、
　　　奥側は薄めに塗るとよいⓖ。

11　水けを切った桃を並べながら生地を巻きⓗ、
　　　巻き終わりを下にして冷蔵庫で冷やす。

材料　7個分

白桃のプレーンコンポート(P8)
　　… 1個分(200g)

[ブッセ生地]

卵黄 … 20g

グラニュー糖a … 15g

卵白 … 40g

グラニュー糖b … 20g

薄力粉 … 35g
※本書では特宝笠を使用。

粉糖 … 適量

グラニュー糖c … 適量

[バタークリームチーズ]

Aクリームチーズ … 50g
|　バター(無塩) … 50g
|　グラニュー糖 … 30g
|　生クリーム(乳脂肪分45%) … 100g(100㎖)

下準備

＊薄力粉はふるっておく。
＊クリームチーズとバターは室温に戻してやわ
　らかくしておく。
＊絞り袋に1cmの星口金をセットする。
＊オーブンは180℃に予熱しておく。
＊天板にオーブンシートを敷く。

作り方

1　ブッセ生地を作る。ボウルに卵黄とグラニュー糖**a**を入れ、泡立て器でもったりするまで泡立てる。

2　別のボウルに卵白を入れてグラニュー糖**b**を2回に分けて入れ、そのつどハンドミキサーでしっかりと泡立てる。

3　1に2を入れて、ゴムべらでさっくりと混ぜる。

4　3に薄力粉を2回に分けて入れ、そのつどゴムべらでさっくりと混ぜる④。

5　4を絞り袋に入れて⑤、天板の上に直径5cmほどに14個絞り出す⑥。

6　5に粉糖をふり、その上にグラニュー糖**c**をふる。もう一度粉糖をふって⑥、180℃に予熱したオーブンで10分間焼く。天板の前後を入れ替えてさらに3分間焼く。

7　網などにのせて冷ます。

8　コンポートを1cmの厚さに切り、キッチンペーパーなどで水けを取る。

9　クリームを作る。ボウルに**A**を入れて泡立て器で混ぜ合わせる。

10　絞り袋に9を入れ、ブッセ生地の平らな面に絞り出す⑥。

11　コンポートをクリームの上にのせ、もう1個と重ねて挟む⑥。

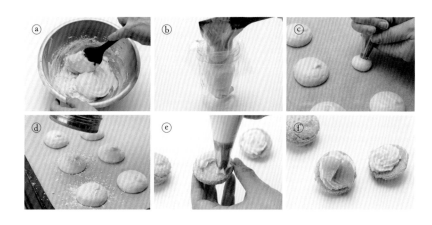

桃のブッセ

フランス語でひと口という意味のブッセ（bouchée）。
フランスよりも日本で
人気のお菓子のように思います。
ふんわりした食感にさっくりもプラスしたかったので、
生地は別立てにしています。
焼く前にグラニュー糖をふることで、
少しカリッとします。
白桃のプレーンコンポートと合わせるクリームは、
バタークリームにクリームチーズを加え
さっぱりしたテイストにしました。

桃モンブラン

白桃のコンポートを、ホイップした
白あんクリームで包み
モンブラン風ケーキにしました。
白あんクリームにクランベリーパウダーを
混ぜることで、軽やかで爽やかな
風味に仕上げています。
白桃のプレーンコンポートは、
大きめのひと口大に切って
存在感を出したほうが食べごたえがあります。

材料　6個分

ブッセ生地（P38）… 6枚

※余ったブッセ生地8枚はそのまま食べてもよい。

白桃のプレーンコンポート（P8）… 120g

［マスカルポーネクリーム］

A 生クリーム（乳脂肪分45%）… 90g（90㎖）

　マスカルポーネ … 30g

　グラニュー糖 … 10g

［モンブランクリーム］

B バター（無塩）… 50g

　白あん … 130g

　クランベリーパウダー … 小さじ1

下準備

＊バターと白あんは室温に戻しておく。

＊絞り袋にウィルトン5番の口金（3mm）をセットする。

作り方

1　ブッセの生地をP38の作り方1〜7を参考に作る。ふくらんだ部分を切って平らにする ⓐ。

［マスカルポーネクリーム］

2　ボウルにAを入れてしっかりめに泡立てる。

3　1のブッセ生地の上に2のクリームを薄く塗り、コンポートをひと口大に切ってのせる。

4　コンポートを包むようにクリームを塗る ⓑ。

［モンブランクリーム］

5　ボウルにBを入れてハンドミキサーでふわっとするまで混ぜ ⓒ、絞り袋に入れる。

6　4の上に5を絞る ⓓ ⓔ。好みでデコレーション用の粉糖（分量外）をふって仕上げる ⓕ。

※モンブラン口金を使うより1本ずつ絞るほうが慣れない方にはおすすめです。

桃のタルト

白桃のプレーンコンポートを
ごろっとのせた桃を
思う存分味わえるタルトです。
コンポートの中には生クリームと
サワークリームをミックスした、
さっぱり系のクリームを詰めています。
少し小ぶりの桃を選ぶとタルトの
大きさに合いやすいと思います。

材 料　直径7cm×高さ1.7cmのセルクル6個分

［タルト生地］

A バター（無塩）… 60g

　｜ 粉糖 … 30g

　｜ 薄力粉 … 90g

卵黄 … 15g

［アーモンドクリーム］

バター（無塩）… 50g

グラニュー糖 … 50g

全卵 … 50g

B アーモンドパウダー … 50g

　｜ バニラオイル … 2滴

白桃のプレーンコンポート（P8）… 3個分（600g）

C 生クリーム（乳脂肪分45%）… 40g（40㎖）

　｜ サワークリーム … 20g

　｜ グラニュー糖 … 10g

下 準 備

＊バターは1cm角に切ってバットに並べ、冷凍庫
　で冷やす⒜。

＊アーモンドクリームの材料は室温に戻しておく。

＊セルクルにバター（無塩、分量外）を塗り、薄力
　粉（分量外）をはたいておく。

作り方

［タルト生地を作る］

1　フードプロセッサーに**A**を入れてさらさらになるま
　で回す。

2　卵黄を入れて、粉っぽさがなくなり、生地がまと
　まってきたら⒝取り出してまとめ、ラップに包んで
　1時間以上冷蔵庫で休ませる⒞。

3　生地を厚めのビニールシートで挟んでめん棒で
　2mmの厚さにのばす⒟。生地を型の高さに切
　り⒠⒡、セルクルにぐるりと巻き付ける⒢。

4　生地の上にセルクルをのせ、内側にナイフを入
　れて生地を切り取り、敷き込む⒣⒤。ナイフで
　内側から外側に向けて余分な生地を落とす。
　焼きちぢみしないように、冷蔵庫で30分以上休
　ませる。

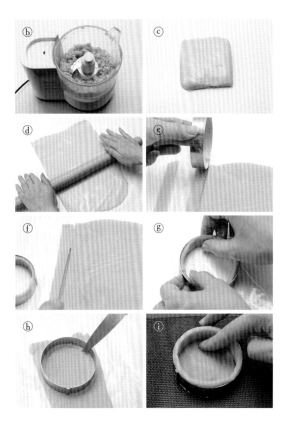

［アーモンドクリームを作る］

5 オーブンを180℃に予熱する。バターを泡立て器で練ってクリーム状にし、グラニュー糖を混ぜる。

6 全卵を加えてよく混ぜ、Bも加えてさらに混ぜる。

7 絞り袋（口金はつけなくてよい）に6を入れて生地を敷いた4のセルクルに30gずつ絞るⒿ。

8 表面を平らにして⒦、180℃に予熱したオーブンで25分間焼く。底が焼けていなかったら、さらに焼く。上が焦げるようならアルミホイルをかぶせる。

［組み立てる］

9 コンポートはキッチンペーパーで水けを取る。

10 Cを泡立て器で混ぜ合わせ、冷ましたタルトの上に塗り⒧、コンポートのくぼみに絞る⒨。

11 10のタルトの上にコンポートを伏せてのせ⒩、桃の周りにピスタチオやドライフランボワーズ（ともに分量外）を飾って仕上げる。

桃のジンジャーエール

材料 2杯分

A 白桃のプレーンコンポートの
  シロップ（P8）… 200mℓ
  炭酸水 … 300mℓ
しょうがの絞り汁 … 大さじ2

作り方

1 しょうがをすりおろして、キッチンペーパーなどで汁を絞り出す。

2 □とAをグラスに入れて混ぜ合わせる。

桃ミルク

材料 2杯分

白桃（生）… 1/2個（100g）
A レモン果汁 … 大さじ1
  グラニュー糖 … 小さじ2
  はちみつ … 小さじ2
牛乳 … 300mℓ

作り方

1 桃を果物ナイフでペースト状に細かく切る。

2 Aを混ぜる。

3 □、□をグラスに入れて牛乳を注ぎ、よく混ぜる。

桃のフロート

材料 2杯分

白桃のプレーンコンポートの
  シロップ（P8）… 200mℓ
炭酸水 … 300mℓ
アイスクリーム … 適量

作り方

1 コンポートのシロップをグラスに入れて炭酸水を注ぐ。

2 好みのアイスクリームをのせる。

桃のミルクレープ

クレープを重ねて作るミルクレープは、
オーブンがなくてもできますから、
お菓子作りに慣れていない方でも
トライしやすい一品です。
間に挟むクリームは、生クリームに
酸味の強いサワークリームをブレンドし、
さっぱり仕上げました。
白桃のプレーンコンポートとよく合います。

材　料　底の直径18cmのフライパン1個分

白桃のプレーンコンポート（P8）
　　… 2個分（400g）

A 薄力粉 … 100g
　│グラニュー糖 … 30g

牛乳 … 250g（250㎖）

全卵 … 120g

バター（無塩）… 30g

B 生クリーム（乳脂肪分35%）… 200g（200㎖）
　│サワークリーム … 70g
　│グラニュー糖 … 40g
　│レモン果汁 … 大さじ1

サラダ油 … 適量

下準備

＊ バターを湯煎にかけるか、ふわっとラップを
　かけて電子レンジ（600W）で20秒くらい
　加熱して溶かしておく（溶けない場合は、様
　子をみて加熱時間を増やす）。

作り方

1　ボウルにAを入れて泡立て器で混ぜる。

2　牛乳を少しずつ加えて混ぜ、溶きほぐした全卵を
　加えてさらに混ぜる。

3　溶かしバターを2に加えて混ぜる。

4　3をこしてだまをとったら、ラップをかけて冷蔵庫
　で1時間以上生地を休ませる（こうすることで、グ
　ルテンが落ち着いて薄くきれいに焼ける）。休ま
　せた生地は焼く前にもう1度混ぜる。

5　フライパンに薄く油をひいて、温め、4のクレープ生
　地をおたま1杯弱分入れ、薄くのばして焼く⒜。

6　端が焼けてきたら菜箸を入れてくるくる回しなが
　ら中央に移動させ⒝、クレープ生地を持ち上げ
　てひっくり返す⒞。焼きあがったら、きれいなまな
　板の上などに置く（焼きあがったクレープは重ね
　て置いてもOK）。薄く15枚ほど焼く。

7　コンポートは3mm程度の厚さに切ってキッチン
　ペーパーで水けを取る。

8　Bをボウルに入れて泡立て器かハンドミキサーで
　泡立てる。

9　クレープの上に8を薄く塗ってクレープを重ねて
　いく⒟。4枚目と8枚目はさらに7を並べ、上に少
　しクリームを塗っておく⒠。全部重ねて完成。

※冷蔵庫でしっかりと冷やしておくときれいにカットできます。
※クリームは丁寧に均一に塗ると、カット面が美しくなります。
※生の白桃を使う場合は、レモン果汁大さじ6をかけて色どめし
てください。

桃のショートケーキ
→作り方は P50 〜 51

白桃のプレーンコンポートをぎっしり
間に挟んだ贅沢なお菓子です。
生クリームにマスカルポーネを
混ぜたクリームは、
軽やかで、滑らかな食感。
マスカルポーネをミックスすることで、
クリームが分離しづらく
難しいナッペもきれいに
仕上げることができます。
今回は、全面にクリームを塗らず
ネイキッドスタイルにしました。

桃のショートケーキ

材料 直径15cm×高さ5cmの丸型1台分

[スポンジ]

A 全卵 … 120g
 ├ はちみつ … 10g

グラニュー糖a … 60g

薄力粉 … 60g
※本書では特宝笠を使用。

B 牛乳 … 10g(10ml)
 ├ バター(無塩) … 10g

バニラオイル … 2滴

[シロップ]

湯 … 20g(20ml)

グラニュー糖b … 25g

桃リキュール … 10g(小さじ2)

白桃(生) … 1/2個(正味100g)

レモン果汁 … 大さじ3

[クリーム]

C 生クリーム … 150g(150ml)
 ├ マスカルポーネ … 75g
 └ グラニュー糖 … 20g

下準備

＊薄力粉はふるっておく。

＊型にオーブンシートを敷き込む。

＊オーブンは180℃に予熱しておく。

作り方

[スポンジを焼く]

1 ボウルにAを入れ高速のハンドミキサーで泡立てる。グラニュー糖aを3回に分けて混ぜる。

2 生地にボリュームが出てきたら、高速から低速に変えてきめを整えていく。ハンドミキサーを動かしすぎると大きな空気が入ってしまうので、ゆっくりと動かして泡立てる。

3 最後にハンドミキサーを羽根1本にして泡立てる。生地がリボン状にゆっくりと落ちていくくらいになれば@、泡立ては終了。

4 3に薄力粉を3回に分けて入れ、ゴムべらで混ぜる。少し粉っぽいくらいで次の粉を混ぜていく。ゴムべらでボウルの底から生地をすくいあげるようにしてさっくりと混ぜる⑥。

5 Bを合わせて湯煎か電子レンジ(600W)で10秒温めて溶かし(溶けないときはすこしずつ様子をみて加熱する)、人肌くらいの熱さにする。さらにバニラオイルを加えて混ぜる。

6 4を大さじ2くらい、5に入れて混ぜ©、4に戻し入れて混ぜ⑩。

7　泡がつぶれないよう、6を低い位置から型に流し入れⓔ、5cm程度の高さから2回ほど落とし空気を抜く。竹串でゆっくりと10回ほど生地を混ぜて気泡を抜くⓕ。

8　180℃に予熱したオーブンで30〜35分焼く。

9　型からはずして網などの上に逆さまにして冷ます。粗熱がとれたらキッチンペーパーなどでくるみ、乾燥しないように、網ごと大きめのビニール袋に入れてⓖ、冷蔵庫で休ませる。半日以上休ませると生地がしっとりとして切りやすくなる。

［デコレーションする］

10　シロップを作る。湯にグラニュー糖bを混ぜて溶かし、粗熱がとれたら桃リキュールを混ぜる。

11　桃は皮をむき、2cm厚さのくし形に切ってレモン果汁につけて色止めする。

12　スポンジケーキを半分の厚さに切る。半分の高さに楊枝をさして波刃包丁でカットするⓗ。

13　10のシロップをはけでスポンジの切り口全体に塗るⓘ。

14　Cをハンドミキサーでゆるめに泡立てるⓙ。

15　桃はキッチンペーパーなどで水けを切る。

16　13のスポンジの切り口1枚にクリームを塗ってサイドから見えるように桃を並べⓚ、さらにクリームを塗ってⓛ、もう1枚のスポンジをのせる。

17　トップにたっぷりクリームをのせて軽くならしⓜ、ハーブ（分量外）を飾って完成。

白桃のコンポートを薄切りにして
薔薇に見立てます。
少し手間はかかりますが、
難しいことはありません。
ゼリーの色は、白桃のプレーンコンポートの
シロップを使ってロマンチックな淡いモーブピンクに。
レアチーズケーキの中にも
桃のコンポートがぎっしり入っています。
この桃は生に替えても、おいしくできます。
土台のビスキュイ生地は
ホワイトチョコレート風味にしました。

桃の薔薇
レアチーズケーキ

材料 直径15cm×高さ5cmの丸型1台分

ビスキュイ（市販）… 40g

ホワイトチョコレート … 50g

［桃のレアチーズケーキ］

白桃のプレーンコンポート（P8）… 1個分（200g）

レモン果汁 … 小さじ2

A クリームチーズ … 100g

│ グラニュー糖 … 50g

生クリーム（乳脂肪分35%）… 80g（80mℓ）

粉ゼラチン … 5g

冷水 … 25g（25mℓ）

［薔薇のゼリー］

白桃のプレーンコンポート（P8）… 1/2個分（100g）

B 白桃のプレーンコンポートのシロップ（P8）… 50mℓ

│ 水 … 50mℓ

キルシュ … 小さじ1/2（3g）

粉ゼラチン … 4g

冷水 … 20g（20mℓ）

作り方

［底生地を作る］

1　ビスキュイをビニール袋などに入れて砕く。

2　ホワイトチョコレートを湯煎で溶かし、1と混ぜる。

3　2を型の底に敷き込み冷やし固める。

［桃のレアチーズケーキを作る］

下準備

＊ゼラチンは冷水でふやかしておく。

＊クリームチーズは室温に戻してやわらかくしておく。

＊生クリームは8分立てにする。

4　コンポートを手でつぶしてレモン果汁を混ぜる。

5　ボウルにAを入れて混ぜ合わせ、4を加えて混ぜる。

6　ふやかしたゼラチンを湯煎で溶かして5に混ぜ合わせる。

7　8分立ての生クリームを6に入れて混ぜる。

8　7を3の型に流し入れて冷蔵庫で1時間以上冷やし固める。型の上部2cmはあけておく。

［薔薇のジェリーを作る］

下準備

＊ゼラチンは冷水でふやかしておく。

9　コンポートを2mmの厚さに切る。

10　固まった8の上に薔薇の形に並べる@ⓑ。

11　鍋にBを入れて60℃程度に温める。

12　ふやかしたゼラチンを11に入れて溶かし、キルシュも加えて混ぜる。

13　12を氷水で冷やして少しとろみがついたら型にスプーンで回しかけⓒ、冷蔵庫で1時間以上冷やし固める。

※切る前に冷凍庫で40〜60分冷やし、ゼリー部分を半冷凍にすると桃もきれいにカットできます。完全に冷凍させてから解凍すると離水するので注意してください。

桃と薔薇の
ヴァシュラン・グラッセ

ヴァシュラン・グラッセ（vacherin glacé）とは、
フランスの伝統的なメレンゲ菓子です。
白くてシンプルな見た目が
ヴァシュランというチーズに似ていたことから
この名前がついたそうです。
サクサクのメレンゲがアイスクリームとよく合います。
ホワイトチョコレートクッキー生地を土台に、
桃と薔薇のアイスクリームを使って
見た目も味も華やかで
ロマンティックなデザートに仕上げました。

材料 直径10cm×高さ5cmのセルクル1個分

卵白 … 30g

粉糖 … 60g

桃と薔薇のアイスクリーム（P12）… 200g

ビスキュイ（市販）… 50g

ホワイトチョコレート … 60g

A 生クリーム（乳脂肪分45%）… 100g（100㎖）
　グラニュー糖 … 10g

下準備

＊オーブンは90℃に予熱しておく。

＊絞り袋に星口金をセットする。

＊天板にオーブンシートを敷く。

作り方

1　卵白に粉糖を3回に分けて入れそのつど泡立てる。つやつやのツノがしっかり立つまで泡立てたら、絞り袋に入れ、6cmの長さにぐるぐると絞り出す@。

2　90℃に予熱したオーブンで1を2時間焼く。網などの上で冷ます。

3　ビスキュイをポリ袋などに入れて砕く(b)。ホワイトチョコレートを湯煎で溶かしビスキュイと混ぜ合わせる(c)。

4　セルクルの内側にラップをし(d)、3の半分を型の底に敷き詰める(e)。

5　4の上にアイスクリームの半量を詰め、3の残りを上に詰めて、さらに残りのアイスクリームを詰める(f)。冷凍庫で冷やす。

6　Aを合わせて九分（固め）に泡立てる。

7　5をセルクルからはずして6を側面に塗り、2を貼りつける。

8　6の残りのクリームを星口金のついた絞り袋に入れて、上部に絞り出して完成。

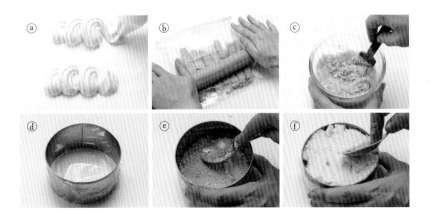

桃と紅茶のシャルロット

シャルロットに欠かせないビスキュイ生地。
少し手間ですが、1本ずつ大きさを
そろえて組み立てていくと
とてもきれいに仕上がります。
ムースは、桃と相性抜群の紅茶味にしました。
白桃と紅茶のコンポートがなければ
白桃のプレーンコンポートでもできます。

材料 直径15×高さ5cmの丸型1台分

[ビスキュイ生地]

卵白 … 60g

グラニュー糖 … 40g

卵黄 … 25g

薄力粉 … 40g

※本書では特宝笠を使用。

粉糖 … 適量

[桃の紅茶マリネ]

白桃と紅茶のコンポート（P9）… 1/2個分（100g）

アールグレイのティーバッグ … 1/2パック（1.5g）

[紅茶のムース]

アールグレイのティーバッグ … 2パック（6g）

熱湯 … 大さじ3

牛乳 … 70g（70㎖）

A 卵黄 … 30g

グラニュー糖 … 30g

生クリーム（乳脂肪分35%）… 120g（120㎖）

粉ゼラチン … 4g

冷水 … 20g（20㎖）

[仕上げ]

B 生クリーム（乳脂肪分35%）… 50g（50㎖）

グラニュー糖 … 20g

下準備

＊オーブンを180℃に予熱しておく。

＊薄力粉はふるっておく。

＊絞り袋に直径1cmの星口金をセットする。

＊天板にオーブンシートを敷く。

作り方

[ビスキュイ生地を作る]

1　卵白にグラニュー糖を3回に分けて入れ、ツノが立つまでそのつど泡立てる。

2　1に卵黄を入れて混ぜる。

3　2に薄力粉を2回に分けて入れ、ゴムべらでさっくりと混ぜ、絞り袋に入れる。

4　天板の上に、ぐるぐると丸く直径14cmの大きさに絞る。残りは長さ5cmに絞る。

5　粉糖を2回ふって180℃に予熱したオーブンで10分間焼く。天板の前後を入れ替えてさらに3分間焼いて冷ます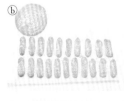。

6　5のビスキュイの両脇を少し切る。さらに下側を切り落とし、長さを5cmにそろえる。

7　型の側面にビスキュイをすき間なく並べ、底には丸く焼いたビスキュイをきつめに敷き込む。

8　コンポートのシロップ（分量外）をビスキュイにはけで軽く塗り、冷蔵庫に入れて冷やしておく。

［桃の紅茶マリネを作る］

9　白桃と紅茶のコンポートを厚さ1cmに切り、
　　ティーバッグの茶葉をまぶしておく⑨。

［紅茶のムースを作る］

下準備

＊ゼラチンは冷水でふやかしておく。

＊生クリームは8分立てにする。

10　熱湯にティーバッグを浸し、5分ほどおいて
　　ぎゅっと絞り、牛乳と合わせておく。

11　**A**を泡立て器でよく混ぜて、耐熱のガラスボ
　　ウルまたは鍋に入れ、弱めの中火にかけて
　　混ぜながら80℃にする。

12　11にふやかしたゼラチンを入れて溶かし、こ
　　し器でこして⑪（ざるだと粗いので注意）、氷
　　水にあてて混ぜながら20℃に冷やす。

13　生クリームを8分立てにし、12に2回に分け
　　て入れ、混ぜる①。

［組み立てる］

14　8の型に13のムースを半量入れる。

15　9を14のムースの上に並べる①。

16　残りのムースを入れ、表面を平らにして冷蔵
　　庫で冷やし固める。

［仕上げ］

17　**B**をボウルに入れてしっかりめに泡立て、星
　　口金をつけた絞り袋に入れて、ムースの上部
　　に絞り出して飾る。

桃のホワイトサングリア

材料 2杯分

白桃（生）… 1個（正味200g）
白ワイン … 300〜500mℓ
ライム … 1/2個
ミントの葉（生）… 適量
はちみつ … 大さじ1

作り方

1 桃は皮をむき、くし形に切る。

2 ライムは薄切りにする。

3 容器にすべての材料を入れて、3時間以上冷蔵庫で冷やす。

桃のヴェリーニ

材料 2杯分

白桃（生）… 1個（正味200g）
A ガムシロップ … 大さじ1
　 レモン果汁 … 大さじ1
シャンパン（またはスパークリングワイン）… 400mℓ

作り方

1 桃は皮をむき、**A**といっしょにミキサーにかけてピュレ状にする。

2 **1**のピュレとシャンパンを1:2の割合で混ぜる。甘みは好みで調整。

桃と薔薇のサングリア

材料 2杯分

白桃（生）… 1個（正味200g）
赤ワイン … 300〜500mℓ
薔薇の花びら（食用）… 10枚
ラズベリー（冷凍）… 10粒
ローズウォーター … 大さじ1

作り方

1 桃は皮をむいて、くし形に切る。

2 容器にすべての材料を入れて3時間以上冷蔵庫で冷やす。

※薔薇の花びらがない場合は、ローズウォーター小さじ1で代用できます。

桃についての
あれこれ

○ 桃の豆知識

毎年、6月ごろから旬を迎える桃。原産地は中国といわれています。弥生時代の遺跡から桃の種が見つかっているほか、古事記や日本書紀にも記載されていて、日本では古来より親しまれている果物です。ただ古くは観賞用として栽培されており、食用として普及したのは明治以降のこと。ところで日本の桃の元祖は岡山県の「白桃」。この桃が改良され今では100以上の品種が栽培されています。

○ 白桃と黄桃の違い

現在日本で流通している桃は、中国や欧米から入ってきた品種を日本の気候に合うように改良したもの。主に果肉が白い白肉種と呼ばれる白桃系と、果肉が黄色い黄肉種と呼ばれる黄桃系に分けられます。白桃は、甘く、やわらかく、みずみずしいのが特徴。黄桃の果肉は白桃に比べてややかたく、主に加工用として栽培されていますが、最近ではマンゴーのような香りや色が特徴の「黄金桃」などが生食用の黄桃として人気があります。

○ 桃の主な産地

【山梨県】現在、桃の生産量日本一を誇るのが山梨県。主に「白鳳」や「浅間白桃」、「川中島白桃」などが栽培されています。

【福島県】福島県を代表する桃といえばブランド認証されている「あかつき」。ほかに「暁星」、「川中島白桃」など。

【長野県】長野県の桃といえば「川中島白桃」。ほかに「あかつき」や「なつっこ」が栽培されています。

【岡山県】有名なのは「清水白桃」。ほかに「日川白鳳」、「黄金桃」など。

【山形県】「あかつき」、「川中島白桃」、「ゆうぞら」など。

旬の時期

「日川白鳳」などは4月の終わりから出回り始め、「あかつき」や「川中島白桃」は9月の中ごろまで食べられます。最盛期はやはり夏。6〜8月に種類、数ともに豊富に出回りますので、いろいろな桃でお菓子作りを楽しんでください。白桃に比べて黄桃が出回る時期はやや遅く8月の中旬から10月の上旬にかけて。桃のお菓子は初夏から初秋までと、案外長く楽しめるのです。

おいしい桃の見分け方、選び方

表面をチェックして、全体的に産毛がきれいに生えていて、皮が薄く、しっとりやわらかそうなものを。白桃は全体的に白っぽいもの、白桃以外は全体的に赤いものがよいでしょう。割れ目を中心に左右対称でバランスのとれている形のものもいいでしょう。ただし桃は大変繊細で傷つきやすい果物なので、店頭で手に取って選んだりせず、見た目で判断すること。

食べごろ

スーパーなどに並んでいるものは、固めの状態で収穫され、店頭に並ぶころにやわらかく食べごろになっています。ただ、直売所などで購入する場合は、すぐに食べられる状態か、収穫から日があまりたっていないためまだ固い場合も。その場合は、常温で2〜3日おいてから食べるといいでしょう。7月、8月の桃は購入してから2日ほど、9月以降の桃は4〜5日程度で食べごろになるものが多いので目安にしてください。

洗い方

両手で包むようにそっと持ち、手のひらでやさしく産毛をこするようにして汚れを水で洗い流します。洗い終わったらキッチンペーパーなどで水けをそっと拭き取ります。

保存方法

熟していないものは新聞紙などにひとつずつ包み、常温におき、好みの固さまで追熟させます。冷やし過ぎると甘みが落ちるので、食べる直前に冷蔵庫で2〜3時間冷やすといいでしょう。また乾燥に弱いのでエアコンの風などが直接当たる場所はさけましょう。

栄養

生で可食部100gあたり、カロリーは40kcal。炭水化物は10.2g、カリウムは180mg、マグネシウム7mg、食物繊維は1.3gです。クエン酸を多く含むため、疲労回復、夏バテ防止によいとされています。また水溶性食物繊維を含むため整腸作用もあります。比較的多いカリウムには塩分を排出する作用もあるためむくみを解消する働きも。

卵・白砂糖・乳製品なしの
ナチュラルスイーツ

Natural Peach Sweety

白桃バニラのコンポート
→作り方は P64

ここからは、卵、白砂糖、乳製品を使わない
ナチュラルスイーツをベースにした
桃のお菓子を25品ご紹介していきます。
卵や生クリームなどを使わないので
泡立てなどの手間や技術がいりません。
そう、お菓子作り初心者さんでも
作りやすいレシピばかりです。
ナチュラルスイーツを作ったことがない
という方もぜひトライしてみてください。
体にもよい作用のある、
しょうがやスパイス、
豆乳や豆腐、甘酒などを
使ったレシピが多いのも特徴です（今井ようこ）。

黄桃バニラのコンポート
→作り方は P64

白桃バニラのコンポート

桃の繊細な香り、甘み、うまみ、食感を生かすために考えた白ワインベースのレシピです。甘味料はてんさい糖で。

桃のコンポートも立派なお菓子ですから、ここは少し贅沢にバニラビーンズを使いました。

同じレシピでも桃の品種によって味は微妙に変わります。

品種違いで、ひと夏を楽しんでください。

材料　桃4個分

白桃（生）… 4個（正味800g）

A 白ワイン … 300㎖
　水 … 150g（150㎖）
　てんさい糖 … 80g
　レモンの輪切り … 2枚

バニラビーンズ … 1/2本

（保存期間）
・冷蔵庫で10日〜2週間

作り方

1　沸騰したお湯に桃を30秒間ほど入れて②冷水にとり、皮をむく⑤。

2　鍋にAを入れ、1をすぐに入れる。

3　むいた皮のなるべく赤い部分をお茶パックに入れ©、2に入れる。

4　バニラビーンズを縦半分に切り、中の種をしごき出し、さやごと鍋に入れる④。

5　4を火にかけ、沸騰したら弱火にし、ふたをして30分間煮る⑥。

黄桃バニラのコンポート

白桃バニラのコンポートの黄桃バージョンです。

白桃よりも酸味やコクなど風味にパンチがあるのが特徴です。

材料と作り方

白桃バニラのコンポートの作り方と同じ。ただし皮は入れない。

（保存期間）
・冷蔵庫で10日〜2週間

白桃スパイスのコンポート

バニラ香るプレーンコンポートに八角（スターアニス）とシナモンを加えて少し個性的で大人っぽい味にしました。

このコンポートをお皿にのせて、ナイフとフォークを添えるだけで一番簡単な、そして立派な桃のお菓子の完成です。

豆乳ヨーグルトや桃の甘酒アイス（P88）といっしょに食べてもおいしいです。

材料　桃4個分

白桃（生）… 4個（正味800g）

A 白ワイン … 300㎖

　水 … 150g（150㎖）

　てんさい糖 … 80g

　八角 … 2個

　シナモンスティック … 1本

　バニラビーンズ … 1/2本

保存期間

・冷蔵庫で10日～2週間

作り方

白桃バニラのコンポートの作り方と同じ。

桃のジンジャーパウンドケーキ

桃としょうがは、相性がとてもよいのでパウンドケーキに。本書では黄桃を使っていますが、かろやかな風味の白桃もおすすめです。おいしく作るポイントは桃のコンポートの水けをしっかりと取ること。生地は薄力粉と全粒薄力粉をブレンド。コクを出すためにアーモンドプードルもブレンドしました。

材料 縦18cm×横8cm×高さ6cmのパウンド型1台分

黄桃バニラのコンポート（P64）… 正味120g

A 薄力粉 … 80g

　全粒薄力粉 … 50g

　アーモンドパウダー … 40g

　てんさい糖 … 20g

　ベーキングパウダー … 小さじ1

　塩 … ひとつまみ

B 米油 または 植物性オイル … 大さじ2

　メープルシロップ … 大さじ4

　無調整豆乳 … 50ml

　しょうがの絞り汁 … 大さじ1/2

下準備

＊オーブンを175℃に予熱しておく。

＊型にオーブンシートを敷き込む。

作り方

1　黄桃のバニラコンポートは2cm角に切る⒜。キッチンペーパーで水けを取り、50g分をトッピング用に取り分けておく。

2　ボウルにAの粉類をふるい入れ、ゴムべらで均一に混ぜる。

3　Bを泡立て器でよく混ぜ合わせる。

4　2に3を入れてさっくりと混ぜ、1の桃⒜を加え、粉けがなくなるまで混ぜる。

5　4を型に流し入れ、トッピング用の桃をのせる⒝。

6　175℃に予熱したオーブンで35分間焼く。竹串をさして生地がついてこなければ完成。

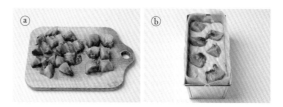

桃とジャスミンティーのマフィン

桃にジャスミンティーと合わせることで、あの甘い香りがより引き立つレシピです。生地に木綿豆腐を入れることでふんわりしっとりと仕上がります。メープルシロップで甘みをつけるのは、コクと香ばしさのため。おいしく作るコツは、ジャスミンティーをミニすり鉢などで細かくすること。リーフが大きいままだと口当たりがよくありません。

材料　直径7.5cmのマフィン型6個分

白桃バニラのコンポート（P64）… 1個分（正味200g）

A 薄力粉 … 180g
　全粒薄力粉 … 45g

B アーモンドパウダー … 45g
　てんさい糖 … 60g
　ベーキングパウダー … 小さじ2
　ジャスミンティー … 10g（細かくする）
　塩 … ひとつまみ

C 木綿豆腐 … 150g
　米油 または 植物性オイル … 大さじ5
　メープルシロップ … 大さじ3
　無調整豆乳 … 120ml

D 薄力粉 … 20g
　アーモンドパウダー … 10g
　てんさい糖 … 10g
　米油 または 植物性オイル … 大さじ1

下準備

＊木綿豆腐を30分間水切りする。

＊オーブンを180℃に予熱しておく。

作り方

1　Dの粉類をボウルに入れ、オイルを少しずつ入れて、全体を指先でかき混ぜるようにして、クランブル（そぼろ状）にする。

2　桃は種を取り、縦にくし形に12等分に切る。うち6切れは、さらに横半分に切るⓐ。軽く水分を拭いておく。

3　Aはふるい、Bとともにボウルに入れ、ゴムべらで均等に混ぜ合わせる。

4　Cをミキサーにかける。

5　3に4を入れて、ゴムべらでさっくりと混ぜるⓑ。

6　オイル（分量外）を塗った型に生地の半量を均一に入れ、横半分に切った桃をのせるⓒ。

7　6に残りの生地をのせ、くし形の桃をのせて軽く押さえる。ここで押さえないと桃が浮いてきて落ちてしまう。

8　さらに1のクランブルをのせⓓ、180℃に予熱したオーブンで25〜30分焼く。竹串をさして生地がついてこなければ完成。

豆乳ヨーグルトの酸味とフレッシュな
桃の組み合わせは、夏にぴったりのお菓子。
ラズベリーも加えて、
見た目も味も華やかに仕上げました。
豆乳ヨーグルトクリームは
スポンジにたっぷり重ねてくださいね。
全粒粉の粉の味を楽しみたくて、
薄力粉とブレンドしましたが、
薄力粉だけでも作れます。

桃のスコップケーキ

材料 20cm×12cmのオーバル型1台分

白桃（生）… 大1個（好みの分量でOK）

A 薄力粉 … 70g
  全粒薄力粉 … 30g

B アーモンドパウダー … 40g
  てんさい糖 … 20g
  ベーキングパウダー … 小さじ1

C 米油 または 植物性オイル … 大さじ2
  メープルシロップ … 大さじ2
  無調整豆乳 … 150mℓ

D ラズベリー（生、または冷凍）… 100g
  てんさい糖 … 20g
  水 … 大さじ2

無調整豆乳ヨーグルト … 400g

ラズベリー（生、または冷凍。飾り用）… 7～8粒

アーモンドスライス（ローストしたもの）… 適量

下準備

＊無調整豆乳ヨーグルトをキッチンペーパーを敷いたざるに
 のせて、冷蔵庫で5～6時間おき200gにする。

＊型にオーブンシートを敷き込む。

＊オーブンを170℃に予熱しておく。

作り方

1 AをふるいBと混ぜ合わせる。

2 Cは泡立て器でよく混ぜ合わせる。

3 1と2を合わせ、ゴムべらでさっくりと混ぜ合わ
  せ型に流し入れる(a)。

4 170℃に予熱したオーブンで20～25分焼く。
  竹串をさして何もついてこなければ完成。型か
  らはずし、網などの上で冷ましておく。

5 Dを鍋に入れ、中火にかける。ラズベリーをつ
  ぶしながら2～3分、トロッとするまで煮詰めた
  ら容器に移して冷ます(b)。

6 4の上部のふくらんだ部分を切り取り(c)、残りを
  横半分に切る(d)。

7 桃の皮をむいてくし形切りにする。トッピング用に
  6切れ取り分けておき、残りはさらに半分に切る。

8 6のスポンジの底の部分を器に入れ、5の半量
  をスポンジ全体に塗る(e)。

9 水切りした豆乳ヨーグルトを1/3量塗り(f)、7の
  半分に切った桃をのせる(g)。残りの水切り豆
  乳ヨーグルト1/3量を全体にのせ、上部のスポ
  ンジをのせる。残りの5をスポンジに塗り、残っ
  た水切り豆乳ヨーグルトを全体にのせる。

10 7のトッピング用の桃、ラズベリーをのせ、アー
  モンドスライスをのせる。

桃は大きめのひと口大に切って、
たっぷりのせるのがおすすめです。
仕上げにライムをふるとふらないとでは大違い。
ライムの香りが桃の風味を引き立ててくれますから
必ずふってくださいね。
そしてバニラを効かせた豆乳ヴェジカスタードを
たっぷり敷き詰めてますが、
桃のスコップケーキで作った
豆乳ヨーグルトクリームで作ってもおいしいです。

フレッシュ桃のタルト

材料　直径18cmのタルト型1台分

白桃（生）… 大1個（好みの分量でOK）

A 薄力粉 … 90g
全粒薄力粉 … 30g
てんさい糖 … 10g

B 米油 または 植物性オイル … 大さじ3
無調整豆乳 … 大さじ2

C アーモンドパウダー … 50g
薄力粉 … 25g
ベーキングパウダー … 小さじ1/4

D 米油 または 植物性オイル … 大さじ1
メープルシロップ … 大さじ1と1/2
無調整豆乳 … 大さじ1

E 米粉 … 15g
てんさい糖 … 15g
粉寒天 … 小さじ1/3
メープルシロップ … 大さじ1と1/2

バニラビーンズ … 2cm

無調整豆乳 … 150ml

ライムの皮 … 適量

下準備

＊オーブンを170℃に予熱しておく。

作り方

1 ボウルに**A**を入れてゴムべらで均一に混ぜる。**B**をよく混ぜる。

2 **A**に**B**を少しだけ残して入れ、ゴムべらで全体をひとまとめにする⒜。まとまりにくかったら残した**B**を入れる。ベタベタせず、自然にまとまる程度のかたさになるように、手でまとめる⒝。

3 2を麺棒で型よりひとまわり大きい円形にのばす⒞。

4 生地を型に敷き詰め⒟、縁を指先で押さえながら整える⒠。全体にフォークで穴をあける。

5 **C**を均一に混ぜ、そこに泡立て器でよく混ぜた**D**を入れてさらに混ぜる。

6 4に5を入れ全体に広げる⒡。170℃に予熱したオーブンで20〜25分焼いて、網などの上で冷ます。

7 バニラビーンズは縦に切り目を入れて種をしごき出し、さやと**E**とともに鍋に入れる。

8 7に少量の豆乳（分量内）を入れてゴムべらで混ぜて全体をなじませ、残りの豆乳も入れる。

9 中火にかけ、とろみが出てきたら弱火にし2〜3分火にかける⒢。

10 9を冷水にあてて混ぜながら冷まし、粗熱がとれたら6にのせ、全体に広げる⒣。少し冷やす。

11 食べる直前に桃の皮をむいてくし形切りにし、さらに半分に切る。

12 切った桃を10にのせ、ライムの皮をすりおろして全体にふる。

白桃と黄桃のベイクドチーズケーキ風

材料　直径15cmの丸型1台分

無調整豆乳ヨーグルト … 600g

A 湯切り豆腐 … 100g

　てんさい糖 … 40g

　メープルシロップ … 大さじ3

　カシューナッツ … 50g

　白みそ … 大さじ1

　レモン果汁 … 大さじ4

　くず粉 … 15g

　コーンスターチ … 15g

　ココナツミルク … 大さじ2

　シナモンパウダー … 小さじ1/2

白桃バニラのコンポート（P64） … 3/4個分

黄桃バニラのコンポート（P64） … 3/4個分

下準備

＊無調整豆乳ヨーグルトをキッチンペーパーを
　敷いたざるにのせて、冷蔵庫で5～6時間
　おき300gにする。

＊型にオーブンシートを敷き込む。

作り方

1　白桃バニラと黄桃バニラのコンポートはそれぞれ種
　を取り除き、3切れずつ縦に2cm幅程度のくし形に
　切る。残りは2cm角に切る@。

2　水切りしたヨーグルトと**A**をボウルに入れ、ブレンダー
　で滑らかになるまでかくはんする。

3　1で角切りにした桃の水けをキッチンペーパーで取っ
　て、2に混ぜる。

4　3を型に流し入れ、くし形に切った桃の水けを軽く
　拭いてのせる⑥。

5　160℃に予熱したオーブンで40～45分焼く。網な
　どの上にのせ、粗熱がとれたら冷蔵庫で冷やす。

豆乳と豆腐、カシューナッツに
白みそをミックスして
ヴィーガンチーズケーキを作りました。
ココナッミルクとシナモンパウダーでクセを
やわらかくしたところもポイントです。
白桃と黄桃の2種を使って味に
メリハリをつけました。
もちろん、どちらか1種だけでも
おいしくできます。

生の桃を加熱して、熱々のトロッとしたところを。
ナッツとココナツの香りのする
カリッとしたクランブルといっしょに食べる。
夏に食べるあったかお菓子です。
冷たいおやつにちょっと疲れてきたら、
ぜひ召し上がってください。
桃のコンポートケーキでご紹介した
水切りヨーグルトソースを添えてもおいしいです。

桃のクランブル

材料 作りやすい分量

白桃（生）… 1個（正味200g）

黄桃（生）… 1個（正味200g）

A 薄力粉 … 50g

　てんさい糖 … 25g

　アーモンドパウダー … 25g

米油 または 植物性オイル … 大さじ2〜3

B マカデミアナッツ … 40g

　ココナッツチップ … 15g

メープルシロップ … 大さじ1

下準備

＊オーブンを180℃に予熱しておく。

＊マカデミアナッツは粗く刻んでおく。

作り方

1　桃は半分に切って種をとって皮をむく。耐熱容器に半分のまま、もしくは4等分に切った桃を並べる。

2　Aをボウルに入れて指先で混ぜる。そこにオイルを少しずつ入れながら、指先でオイルを散らすようにして混ぜる。指先でつまんでクランブル（そぼろ状）になったところで、オイルを入れるのをやめる@。

3　Bにメープルシロップをからめ、2と混ぜ合わせる。

4　3を1にのせ⑥、180℃に予熱したオーブンで15〜20分、クランブルがきつね色になるまで焼く。

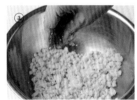 

香ばしい木の実、ヘーゼルナッツを
ふんだんに使った、夏の香りのする焼き菓子。
夏の果実の桃と木の実は、とてもよく合うんです。
もしもヘーゼルナッツが手元になければ、
アーモンドだけでも作れます。
混ぜて焼くだけと、簡単なうえに、
冷蔵庫で5日間ほど日持ちするので
毎日のおやつとしても、手土産としてもおすすめです。

桃のジャムとヘーゼルナッツのケーキ

材料 18cm四方の角型1台分

白桃のバニラコンフィチュール（P82） … 100g

A 薄力粉 … 75g
  ヘーゼルナッツパウダー … 30g
  アーモンドパウダー … 20g

てんさい糖 … 25g

塩 … ひとつまみ

B 米油 または 植物性オイル … 大さじ3
  無調整豆乳 … 70mℓ

ヘーゼルナッツ … 15g

アーモンドスライス … 10g

下準備

＊薄力粉はふるっておく。

＊オーブンを175℃に予熱しておく。

＊型にオーブンシートを敷き込む。

作り方

1　ボウルにAを入れ、てんさい糖と塩を加えてゴムべらで均一に混ぜる。

2　Bを泡立て器でよく混ぜる。

3　1に2を加えて、さっくりと混ぜ合わせる。

4　3を型に入れて全体にならし、白桃のバニラコンフィチュールを一面にのせる。ヘーゼルナッツ、アーモンドスライスを均一にのせるⓐ。

5　175℃に予熱したオーブンで25分間焼く。竹串をさして生地がついてこなければ完成。

白桃のバニラコンフィチュール
→作り方は P82

黄桃のカルダモン
コンフィチュール
→作り方は P82

白桃のバニラコンフィチュール

皮もいっしょに煮ると全体がピンク色になります。

その場合は、お好みで調整してください。

感じるかもしれません。

もしかしたら、少し甘みが物足りなく

てんさい糖はギリギリの配合にしました。

桃の繊細な風味や甘み、香りを最大限に生かしたくて、

材料 桃1個分

白桃（生）… 1個（正味200g）

バニラビーンズ … 1cm

A てんさい糖 … 20g

| レモン果汁 … 小さじ1

（保存期間）

・冷蔵庫で約5日間

作り方

1 桃は種を取って皮をむき、1cm角程度に切り、鍋に入れる。皮の赤い部分はお茶パックに入れて鍋の中に入れる。

2 バニラビーンズに切り目を入れ、種をしごき出す。

3 鍋に1と2とAを入れて火にかける。ひと煮立ちしたら弱火にして、たまに木べらでつぶしながら、15〜20分煮る。果実が煮崩れないくらいで火を止める。粗熱がとれたら煮沸消毒した保存容器に入れる。

黄桃のカルダモンコンフィチュール

残るくらいのところで火を止めてください。

煮詰め過ぎず、桃の実がごろっと

ひと口食べるごとにふわっとカルダモンの香りが広がります。

レシピのポイントはカルダモン。

白桃よりも味にパンチがあります。

酸味がやや強く、コクがある黄桃は

材料 桃1個分

黄桃（生）… 1個（正味200g）

てんさい糖 … 20g

レモン果汁 … 小さじ1

カルダモン … 2粒

下準備

＊カルダモンをたたいて半割りにする。

（保存期間）

・冷蔵庫で約5日間

作り方

1 桃は種を取って皮をむき、1cm角程度に切り鍋に入れる。

2 1の鍋に他の材料を入れて火にかける。ひと煮立ちしたら弱火にして、たまに木べらでつぶしながら、15〜20分煮る。果実が煮崩れないくらいで火を止める。粗熱がとれたら煮沸消毒した保存容器に入れる。

桃のオープンサンド

食パン1枚で簡単にできるおやつです。
ちょっと食欲のない朝でも
みずみずしい桃とさっぱりしたヨーグルトをのせた
オープンサンドはおすすめです。
仕上げにかけるのは、
メープルと迷ったのですがやはり、
ここははちみつで爽やかに。
もちろん黄桃で作ってもおいしいです。

材料 1人分

白桃（生）… 1/3個〜1/2個

食パン（8枚切り）… 1枚

無調整豆乳ヨーグルト … 大さじ3

白桃のバニラコンフィチュール … 適量

はちみつ … 適量

下準備

＊ボウルにキッチンペーパーを敷いて無調整豆乳ヨーグルト
　大さじ6程度を入れ、半日ほどおいて水切りする。

作り方

1　桃は皮をむいてくし形に切る。食パンは耳を切る。

2　お皿に食パンをおき（好みで、軽く温めても）、無
　調整豆乳ヨーグルトを全体に塗る。

3　1をのせ、コンフィチュールとはちみつをかける。コ
　ンフィチュールとはちみつは、たっぷりめがおいしい。

桃の繊細な味とさっぱりした烏龍茶。
この組み合わせを知っていただきたくて
作ったレシピです。
ポイントは、かき氷そのものを
烏龍茶で作ること。
烏龍茶のシロップも
しっかり濃く、甘めにします。
食べたあと、口の中が爽やかになる、
大人のかき氷です。

桃と烏龍茶ゼリーのかき氷

材 料 1人分

白桃（生）… 1個（好みの分量でOK）
烏龍茶の茶葉 a … 6g
熱湯 a … 250㎖
烏龍茶の茶葉 b … 10g
熱湯 b … 400㎖
てんさい糖 … 30g
粉寒天 … 小さじ1/3

作り方

1　熱湯aに烏龍茶の茶葉aを入れて10分間おいてこし、冷凍庫で凍らせる。

2　熱湯bに烏龍茶の茶葉bを入れて10分おき、こして2等分する。

3　2の半分は小鍋に入れ、てんさい糖10gと粉寒天を入れて火にかける。沸騰したら弱火にし、約1分間加熱する。バットなどに入れ、冷やし固める。

4　小鍋にてんさい糖20gと2の残りを入れて、てんさい糖を煮溶かし、冷やしておく。

5　3の寒天を崩してグラスに入れ、桃は食べやすい大きさに切って半量入れる。

6　1の氷をかいて、残りの桃をのせる。4のシロップをかけて食べる。

コンポートを使うと、少しどくなるので、
ここは生の桃を使います。

桃とあんことココナツミルクの
相性をぜひ楽しんでください。

寒天もあんこも黒みつも作り置きできるので、
それぞれ作っておいて、食べたいときに
盛り付けるだけにしておくと便利です。

もちろん、あんこも黒みつも、
市販のものでも大丈夫です。

桃のココナツミルクあんみつ

材料 3〜4人分

白桃（生）… 1個（正味200g）

A 水 … 500㎖

　　粉寒天 … 小さじ1

あんこ … 好みの分量（作り方は下記参照）

※市販のものでも可。

ココナツミルク … 適量

黒糖 … 大さじ6

水 … 45㎖

※黒みつは市販のものでも可。

作り方

1　鍋にAの水を入れて粉寒天をふり入れ、中火にかける。沸騰したら弱火にして1〜2分火を入れる。バットなどに入れてそのまま固める。

2　小鍋で水を沸かし、黒糖を入れて溶かし、かるく煮詰めて黒みつにする。

3　1を適当な大きさの角切りにして器に入れる。あんこを好みの分量入れ、桃をくし形に切って盛り付ける。上からココナツミルクと黒みつをかける。

あんこ

材料 作りやすい分量

A 小豆（乾燥）… 1/2カップ

　　水 … 150〜200㎖（小豆の1.5〜2倍量）

　　昆布 … 1枚（2cm角のもの）

てんさい糖 … 30〜40g

塩 … ひとつまみ

作り方

1　圧力鍋にAを入れて強火にかける。沸騰したらふたをする。圧がかかったら弱火にし20分間炊く。圧が抜けるまでおき、小豆が指でつぶれるくらいにやわらかいことを確認する。かたいようならもう少し圧をかける。水分が残っていたら強火にかけてとばす。

※鍋で煮る場合は、豆をひと晩つけて1時間煮ます。

2　1にてんさい糖を入れて混ぜ合わせ、ふたをあけたまま弱めの中火にかけ、そっと混ぜる。鍋底にスジがつく程度になったら、塩を入れて、ひと混ぜする。

3　バットなどに2を移し、ラップをして冷ます（このとき表面に膜が張らないようにラップでぴったりふたをする）。

桃の甘酒アイス

材料 作りやすい分量

白桃（生）… 1個（正味200g）
甘酒（濃縮タイプ）… 100g
レモン果汁 … 小さじ1/2

作り方

1 桃はざく切りにし、すべての材料を合わせて、ハンドブレンダーで撹拌する。

2 バットなどの容器に入れて冷凍庫で冷やし固める。

3 表面を指で押さえて少しやわらかいくらいのかたさになったら、滑らかになるまでハンドブレンダーで撹拌する。さらに冷凍庫で2時間以上冷やし固める。できれば、これをもう1〜2回繰り返すと容器から取りやすくなる。

材料を一気に撹拌しただけででできる簡単なアイスクリームです。

甘酒のコクと甘みをベースに作るので、後味がさっぱりします。

甘酒の種類や桃の状態によって、甘みや味がずいぶん変わるのでその時々のおいしさを楽しんでください。

アイスクリームの色は、使用する桃の色で異なり、桃の中心が赤いものだとピンク色に仕上がります。

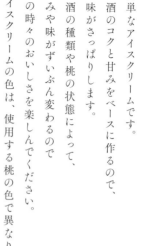

半分に切った桃を、
果肉がトロッとして甘みが強くなるまで
ココナツオイルでソテー。
そこに冷たいアイスをのせ、
熱々の桃にからめながらいただきます。
白桃で作りましたが
黄桃を使うとまた違ったおいしさに。

桃のソテーとアイスのデザート

材料 1人分

白桃（生）… 1/2個（正味100g）

ココナツオイル … 大さじ1/2

メープルシロップ … 大さじ1/2

桃の甘酒アイス（P88）… 1スクープ

※市販のアイスクリームでも可。

作り方

1　桃を半分に切って種を取り、皮をむく。

2　フライパンにココナツオイルとメープルシロップを
　　入れて熱し、半分に切った桃を入れる。

3　両面をこんがりと色よく焼く。桃のくぼみにアイス
　　をのせ、熱々を食べる。

黒酢とラム酒をベースにした酸味の効いたグラニテと、甘酒ベースのコクのある桃のアイス、そしてフレッシュでみずみずしい桃をごろごろ入れて3重のハーモニーを楽しむスイーツです。最後にひとふりするライムが全体をまとめる役割を果たしてくれます。

桃と黒酢とラムのグラニテ

材料 作りやすい分量

白桃（生）… 適量

桃の甘酒アイス（P88）… 適量
※市販のアイスクリームでも可。

A 黒酢 … 大さじ4

はちみつ … 大さじ2

ラム酒 … 大さじ1

レモン果汁 … 小さじ1

水 … 50㎖

ライムの皮 … 少々

作り方

1 小鍋にAを入れ、ひと煮立ちさせる。粗熱がとれたら、バットに入れ、冷凍庫で3時間以上冷やし固める。

2 桃の皮をむき、ひと口大に切る。器に桃を入れる。桃の甘酒アイスをのせ、1を大さじ1分のせる。ライムの皮をすりおろしてふる。

桃とトマトのスムージー

材料 2〜3人分

白桃（生） … 1個（正味200g）

レモン果汁 … 適量

トマト … 100g

A 水 … 50㎖

 アガベシロップ … 小さじ2
 ※はちみつでも可。

 メープルシロップ … 小さじ1

作り方

1　桃は半分に切って種を取り、皮をむいて適当な大きさに切って、レモン果汁をからめて凍らせておく。

2　トマトも適当な大きさに切って凍らせておく。

3　1と2とAをミキサーにかける（ミキサーの刃が壊れないよう、桃とトマトは半解凍くらいで使用する）。

桃と甘酸っぱいトマトの相性は抜群。どちらも凍らせておくので、飲みたいときにミキサーにかけるだけ。お好みで、ミントの葉やライムを入れると、より爽やかな味になりますよ。

白桃バニラのコンポートを食べ切ってしまって、
シロップが余っておいしいときは、
炭酸で割っておいしいソーダにしましょう。
ソーダの上にアイスクリームをのせて、
桃のクリームソーダのでき上がり。
市販のアイスクリームでもいいですが、
ぜひ桃の甘酒アイスで作ってみて。

まるごと桃の
クリームソーダ

材料 1人分

白桃バニラのコンポートのシロップ（P64）… 大さじ3

炭酸水 … 100mℓ

桃の甘酒アイス（P88）… 1スクープ

※市販のアイスクリームでも可。

作り方

グラスにシロップを入れ、氷（分量外）を入れる。
炭酸水を注ぎ、桃の甘酒アイスをのせる。

桃のパフェ

フレッシュな桃と、桃の甘酒アイスと白桃バニラのコンポートのシロップ寒天を組み合わせてパフェにしました。コンポートのシロップを余すことなく味わってほしいです。薔薇色の寒天だけでもおいしく食べられます。

材料 1人分

白桃（生）… 1個（正味200g）

桃の甘酒アイス（P88）… 1スクープ

無調整豆乳ヨーグルト … 好みの分量

グラノーラ … 好みの分量

［桃のコンポートシロップの寒天］
（作りやすい分量）

A 白桃バニラのコンポートのシロップ（P64）
｜ … 300mℓ
｜ 粉寒天 … 小さじ1/2

作り方

1 鍋にAを入れ中火にかける。沸騰したら弱火にして1〜2分加熱する。粗熱がとれたら冷蔵庫で冷やし固める。

2 桃の皮をむき、大きめのひと口大に切る。器にグラノーラ、ヨーグルト、桃、1のコンポートのシロップ寒天、桃の甘酒アイス、桃と重ねていく。グラスを横から見て、層になるように入れていくときれいに盛り付けられる。

夏の定番、プルプルプリンです。
コンポート自身が甘いので
プリン液の甘さは控えめにして、
桃そのものの味を
楽しむレシピにしています。
失敗しないコツは豆乳を加熱するとき、
分離しないように沸騰させないこと。
黄桃のコンポートでもおいしく作れます。

桃の豆乳プリン

材料 底径4.5cm×高さ3cmのプリン型4個分

白桃バニラのコンポート（P64）… 100g

A 無調整豆乳 … 200mℓ
　｜ てんさい糖 … 25g

粉寒天 … 小さじ1/2

作り方

1　コンポートは粗く刻む@a。

2　鍋にAを入れ、粉寒天をふり入れる。中火にかけ、沸騰寸前まで温めたら弱火にし1〜2分加熱する。

3　1を入れ、再び温まるまで加熱する（沸騰はさせない）。

4　冷水にあて@b、粗熱がとれたら型に均等に入れ、冷蔵庫で1時間以上冷やし固める。

フレッシュなミントとグラン・マルニエを
ベースに風味づけした寒天の中から、
桃がごろごろ出てくる
テリーヌスタイルのゼリーです。
つるんとした寒天とジューシーな桃、
まったく違った食感を
一度に楽しめるところが気に入っています。

桃とミントの寒天ゼリー

材料　縦18cm×横8cm×高さ6cmのパウンド型1台分

白桃（生）… 正味150g

ミント（生）… 10〜15枚

A 水 … 350㎖

　　てんさい糖 … 25g

　　グラン・マルニエ … 20㎖

　　粉寒天 … 小さじ1

レモン果汁 … 20㎖

アガベシロップ … 適量

※なければてんさい糖1：水1を混ぜ合わせたものでも可。

下準備

＊型にラップを全体に敷く。

作り方

1　ミントは熱湯に入れて10秒ほど火を通して刻む。桃は1.5cm幅のくし形切りにし、アガベシロップをからめておく。

2　鍋にAを入れて中火にかけ、沸騰したら弱火にして1〜2分加熱する。

3　鍋を冷水にあてて混ぜながら粗熱をとる。冷めたら1のミントとレモン果汁を入れて混ぜる。

4　型に3を底が埋まる程度入れてから、桃を底全体に並べる⒜。

5　残りの3を入れ、残りの桃も中に入れる。冷蔵庫で30分以上冷やし固める。

⒜

柑橘の香りを効かせた紅茶寒天と
バニラの香りのする豆乳寒天、
そしてフレッシュな桃を、自分の器に取って組み合わせて食べる
ミルクティー風味の桃デザートです。
友人や家族と、自分の器に取り分けながら
楽しく召し上がってください。

桃と紅茶と豆乳バニラ寒天のデザート

材料 2〜3人分

白桃（生）… 適量

［紅茶寒天］

紅茶の茶葉（アールグレイ）… 5g

熱湯 … 250ml

A てんさい糖 … 15g

　粉寒天 … 小さじ1/2

［豆乳バニラ寒天］

バニラビーンズ … 1cm

B 水 … 100ml

　無調整豆乳 … 200ml

　てんさい糖 … 15g

　メープルシロップ … 小さじ1

　粉寒天 … 小さじ1/2

作り方

［紅茶寒天を作る］

1　紅茶の茶葉に熱湯を注ぎ入れ5分間蒸らす。

2　鍋に1をこし入れ、Aを入れて火にかける。沸騰したら弱火にし、1〜2分温め、器に入れて冷蔵庫で1時間以上冷やし固める。

［豆乳バニラ寒天を作る］

3　バニラビーンズに縦に切り目を入れ種をしごき出す。

4　小鍋に3とBを入れて中火にかけ、沸騰する直前に弱火にし、1〜2分温める。器に入れて冷蔵庫で1時間以上冷やし固める。

5　桃の皮をむき、食べやすい大きさに切って器に盛る。

冷たい桃のスープは夏の贅沢。
ミキサーがあれば5分でできます。
ココナツミルクはなくてもいいのですが、
少し入れるだけでグッと味が洗練されるので、
ぜひ入れてみてください。

桃 の スープ

材料 1人分

A 白桃（生）… 正味100g

　 無調整豆乳ヨーグルト … 大さじ2

　 はちみつ … 小さじ1/2

　 (あれば)ココナツミルク … 少々

　 ライム果汁 … 少々

白桃の角切り… 適量

(あれば)パッションフルーツ … 適量

作り方

1　Aをミキサーにかけてスープ状にする。
　冷たく冷やしてもよい。

2　器に盛り、角切りにした桃、あればパッ
　ションフルーツを添える。

この章の焼き菓子には、薄力粉として「エクリチュール」と「特宝笠」を使っていますが、スーパーで手に入る一般的な薄力粉でも、もちろんおいしく作れます。

エクリチュール（薄力粉）

フランス菓子の味を実現しようとフランス産小麦100%を使用して開発された、中力粉に近い薄力粉です。粒子が粗く、サラサラしてダマになりにくいのが特徴。焼き上げるとホロホロとやさしく崩れる食感で焼き菓子にぴったり。この章ではパウンドケーキやマドレーヌなどに使っています。

特宝笠（薄力粉）

特殊な技術により製粉されたグルテン量が少ない薄力粉です。ふんわり、そしてきめの細かい、口溶けのよい生地に焼き上がります。

アーモンドパウダー

アーモンドプードルともいいます。アーモンドを粉末状にしたもので、しっとりさせたい、コクだししたい、少し香ばしさを出したいときに使います。

グラニュー糖

この章のお菓子に使う砂糖は、すっきりした甘さが気に入っているのでほとんどがグラニュー糖です。もちろん上白糖でもかまいませんが、ややこっくりとした甘さに仕上がり、焼き色もすこし濃くなります。ただ、メレンゲを焼く場合は、粉糖かグラニュー糖を使ってください。上白糖だと、焼き色がついてしまい、真っ白に仕上がりません。

フィンガービスケット

「桃の薔薇レアチーズケーキ」（P52）や「桃と薔薇のヴァシュラン・グラッセ」（P54）の土台には、市販のビスキュイを使用とありますが、輸入食品店などにあるフィンガービスケットなどをお勧めします。ただし「桃と紅茶のシャルロット」（P56）に使うビスキュイは市販のものではかたすぎるのでぜひ作ってください。

アップルロゼ

「白桃と薔薇のジャム」（P22）には食用の薔薇のアップルロゼを使用しました。デパートやネットショップなどで扱っています。手に入らない場合はハーブティー用の「ダマスクローズ」などを使ってもいいでしょう。

ローズウォーター

「桃と薔薇のアイスクリーム」（P12）に使用したローズウォーターは「ダマスクローズウォーター」。薔薇の花のつぼみを集めて水蒸気蒸留という方法でエッセンスを抽出したもので人工の香りづけはされていません。桃と薔薇はよく合いますので、ぜひ、使ってみてください。

バニラ香料

「桃の白いロールケーキ」（P36）や「桃のショートケーキ」（P48）に使用したバニラの香料ですが、ここでは「モンレニオン ヴァニラ（エクセラン）」を使用しました。高品質のブルボンバニラビーンズから作られたエッセンスです。2～4gでバニラビーンズ1本分に相当します。私は香りがいいので使っていますが、お手持ちのバニラエッセンスやバニラオイルがあればそれを使っても大丈夫です。

キルシュ

キルシュはさくらんぼのリキュールです。ここではドーバー酒造の「キルシュワッサー」を使いましたが、お好みのさくらんぼのリキュールを使ってください。桃とさくらんぼは同じバラ科に属するので味や香りの相性もとてもいいのです。少し効かせるだけで味がぐっと華やぐのでぜひ入れてください。本章では「桃のクレームタンジュ」（P20）に使っています。

ピーチリキュール

より桃の個性を引き立たせるために入れています。使ったのはルジェの「クレーム ド ペシェ」。フランスの黄桃から作ったものです。余ったら、炭酸で割って楽しんでも。

基本の材料と少し珍しい材料

この章の焼き菓子には、国産の薄力粉と全粒粉の薄力粉を使っています。小麦粉の素朴な味わいや香りが好きなので、薄力粉と全粒薄力粉をブレンドしたレシピにしていますが、薄力粉だけでも作れます。スーパーで手に入る一般的な薄力粉でも作れます。

ファリーヌ（薄力粉）

江別製粉の、北海道産100％のお菓子用薄力粉です。ふわっとかるく仕上がるのが特徴です。

菓子用全粒粉（薄力粉）

薄力小麦をまるごと挽いた全粒粉です。小麦の香ばしさとほのかな酸味、コクがあります。

米油

この章では、植物油の使用を推奨していますが、私は木徳神糧の米油「こめしぼり」を使っています。国産玄米の米糠（種皮、果皮、胚芽）を原料とした油です。くせがなく、かろやかに仕上がるので気に入っています。お菓子のほかに、ドレッシングの油から揚げ油まで幅広く使えます。

ベーキングパウダー

膨張剤はラムフォードのベーキングパウダーを使っています。アルミニウム（みょうばん）フリーなのが特徴です。

甘酒

「桃の甘酒アイス」（P88）に使いました。甘酒の味でアイスクリームの味も変わるので好みのものを選んでください。私は、コクとまろやかな甘みのバランスが好きで、マルクラ純正食品の「玄米こうじあま酒」を使っています。

ビート糖

北海道産のビート（てんさい）を原料とした甘味料です。くせがなくスッキリとした味わいと、粉末状で溶けやすいところが気に入って使っています。お菓子やパン作りのほか、料理にも使えます。

はちみつ

「ミエリツィア」のアカシアの花のはちみつです。イタリアの北部ピエモンテとロンバルディアの2州で採蜜されたものです。さらっとしていて、くせが強くないのでお菓子作りにむいています。EUオーガニック規定認定商品です。もちろんお手持ちのものでもかまいませんが、純粋はちみつをお勧めします。

メープルシロップ

カナダのデカセール社の「メープルシロップ」です。添加物不使用の純度100％。グレードはA。日本人好みのアンバーリッチテイストの品質です。風味とコクのバランスがよく、気に入っています。

アガベシロップ

「桃とトマトのスムージー」（P93）にはバイオアクティブジャパンの「オーガニックアガベシロップ」を使いました。アガベシロップはブルーアガベ（リュウゼツラン）から採取したエキスで天然の無添加甘味料です。摂取後の血糖値の上昇割合が低いことからヘルシーな甘味料として注目されています。さらりとした甘さが好きで、個人的によく使っています。

皮無しアーモンドパウダー

アーモンドプードルともいいます。コクを出し、しっとり仕上げるため焼き菓子によく使っています。この章の焼き菓子の決め手といってもいい素材です。

皮付きヘーゼルナッツパウダー

ヘーゼルナッツを皮ごと粉末状にしたもの。製菓材料店などで購入可能です。焼き菓子にコクと香ばしさを加えます。

ココナツチップス

有機栽培の完熟ココナツをピーラーで大きめにスライスしたようなアリサンの「有機ココナツチップス」です。チップスが手に入りにくい場合はココナツフレークやココナツロングなどでもいいでしょう。

バニラビーンズ

ラン科の植物のひとつでさや状の果実。さやから種を取り出して香りづけに使います。代替品として成分を抽出し、溶剤に溶かして香りをつけたバニラオイルやバニラエッセンスなどがあります。

この本で使った基本の道具

計量スプーン

大さじ15㎖、小さじ5㎖のふたつがあれば大丈夫です。

ボウル

ひとつのお菓子の中で粉を混ぜる作業と液体を混ぜる作業が出てきますのでふたつあると便利です。

電子スケール

分量をより正確に量れるのでできれば電子スケールを用意しましょう。

泡立て器

「エレガントな桃のお菓子」では、メレンゲを生地に混ぜるときや、やわらかくしたクリームチーズをゆるく泡立てた生クリームと混ぜるときなどに使います。「ナチュラルスイーツ」では、粉類を混ぜるとき、または粉類と液体を混ぜるときに使います。「ナチュラルスイーツ」のお菓子には、卵や生クリームなど泡立てが必要な素材は使いませんので、ハンドミキサーはなくても作れます。

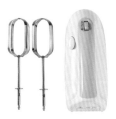

ハンドミキサー

「エレガントな桃のお菓子」で卵や生クリームをしっかり泡立てるときに使います。手で泡立てるのは、できないことはありませんが大変です。泡立て器は持っていても、ハンドミキサーは持っていないという方もいらっしゃるかもしれませんが、「桃の白いロールケーキ」(P36)や「桃のショートケーキ」(P48)、「桃と薔薇のヴァシュラン・グラッセ」(P54)などを作る場合は必須です。「ナチュラルスイーツ」では使いません。

ハンドブレンダー

「ナチュラルスイーツ」で豆腐クリームを作るときなど、素材を攪拌してペースト状にするときに使います。ミキサーでもOKです。

ゴムべら

材料を混ぜたり、クリームを塗ったりするときに使います。

スパチュラ

クリームを塗るための道具です。藤沢さんは、お菓子の大きさや塗る分量などに合わせて3本を使い分けていますが、もしもこれから1本目を買うという方は、30cm程度の中サイズのものをお勧めします。100円ショップでも売っています。

オーブンシート

天板に敷くオーブンシートは、繰り返し使えるものを使っています。もちろんお手持ちのもので問題ありませんが「桃の白いロールケーキ」(P36)を作るときだけは、表面がざらっとした、繰り返し使える布状のシートを使ってください。白いロールケーキを作るためには表面の焼き色をはがして真っ白な生地にする必要がありますが、ツルツルした紙状のものでははがせません。本書で使っているのは31×48cmの「クックシート」というもの。フッ素樹脂加工シートで作られています。製菓材料店などで購入可能です。

口金

直径1cmの星口金は「桃のパフェ」(P17)、「桃のブッセ」(P38)、「桃と紅茶のシャルロット」(P56)に使います。透明の星口金はマトファーのもので直径65mm。「桃と薔薇のヴァシュラン・グラッセ」(P54)に使います。直径1cmの丸口金は「桃と紅茶のシャルロット」(P56)に、直径3mmの丸口金は「桃モンブラン」(P40)に使います。

温度計

「桃ブランマンジェ」(P10)を作るときに使います。

この本で使った型

ゼリー型

直径17cm×高さ7cmの少しレトロなゼリー型で「桃のババロア」(P18)を作りました。ネットショップなどで購入可能です。もちろん、同じ大きさにこだわる必要はありません。小さなプリン型などでも作れます。

パウンド型

縦18cm×横7.5cm×高さ6.5cmのパウンド型で「桃とピンクペッパーのパウンドケーキ」(P30)を作りました。「桃のジンジャーパウンドケーキ」(P66)と「桃とミントの寒天ゼリー」(P100)を作るのに使ったパウンド型のサイズは、縦18cm×横8cm×高さ6cmのもの。もちろん、同じサイズでなくともOK。多少の大きさ違いなら、焼き時間や温度は変わりません。パウンドケーキをプレゼントするときなどは紙の型でもいいかもしれませんし、寒天ゼリーなどは手持ちのホウロウバットなどで作ってもよいでしょう。

タルトレット型

直径9cm×高さ1.7cmのタルトレット型で「桃のマドレーヌ」(P32)を作りました。アルミ箔の型でも紙でもOK。プレゼントにするときは、アルミ箔や紙の型のほうがいいかもしれません。

ロールケーキ型

27cm四方のロールケーキ型です。持っていない場合は、アルミ箔で型を作ってもいいかもしれません。

セルクル

小(直径7×高さ1.7cm)で「桃のタルト」(P42)を、大(直径10×高さ5cm)で「桃と薔薇のヴァシュラン・グラッセ」(P54)を作りました。

丸型

直径15cmの丸型で「桃のショートケーキ」(P48)、「桃の薔薇レアチーズケーキ」(P52)、「桃と紅茶のシャルロット」(P56)を作りました。「白桃と黄桃のベイクドチーズケーキ風」(P74)に使用しました。底取れタイプが便利です。

角型

「桃のジャムとヘーゼルナッツのケーキ」(P78)を作るのに18cm四方の角型を使いました。なければ、手持ちのホウロウバットなどでも作れます。その場合、焼き上がりに竹串をさして生地がついてこなければOKです。まだ生焼けのようでしたら3分ずつ様子を見ながら焼いてみましょう。

フランス菓子ベースの エレガントな桃のお菓子

20年ほど前でしょうか。あるホテルのパティスリーで桃のタルトに出合ったのは。当時は今ほど桃のお菓子はなく、フレッシュな桃がたっぷりとのったタルトはショーケースの中で特別な存在感を放っていました。以来、桃を心から愛する、夏生まれの私のバースデーケーキは、毎年ここのタルトと決めています。

「桃のお菓子」の本のお話をいただいてからというもの、100個以上の桃に囲まれて試作に追われる毎日でした。とても大変ではありましたが、貴重で幸せな時間でもありました。

個人的に一番気に入っているのは「桃モンブラン」（P40）です。常々、白あんと桃とフランス菓子は相性がいいと思っていたところから生まれました。白あん？と思われる方も多いでしょうが、ぜひ作ってみていただけたらと思います。

「桃のババロア」（P18）は別の意味で思い入れの強いお菓子です。何回も何回も試作を重ねたお菓子のひとつです。どこか懐かしい感じのするフォルムと、贅沢に桃を使うことで生まれる桃以上に桃！の味わいは、家庭で作るデザートの醍醐味だと思います。

実はこのお菓子、生の桃で作ることにこだわっていたものの撮影当日まで色味がきれいに出ず、「味はいいけど見た目が……」と、急遽コンポートで作り直したのです。型からはずすときの緊張感。そして、きれいな桃色に仕上がったババロアを見て、撮影チームがあげてくれた歓声を忘れられません。お味のほうもスタッフ内投票で一、二を争う人気でした。

もうひとつ、本書のお菓子を作るにあたり苦労したことに、デコレーションがあります。主宰しているサロンでは、金箔を散らしたり、クリームやフルーツでお花を形作ってのせるなどデコラティブにすることが多いので、ついつい盛ってしまいたくなるのですが、「家庭で作るお菓子」ということを肝に銘じながらそぎ落としていきました。

こんなにシンプルでいいのかなと不安な気持ちも少しはあったのですが、スタイリストの曲田さんの手によって十分華やかな仕上がりになり、このような世界もあるのだと勉強になりました。

桃は一年中手に入る果物ではないのが残念なところ。少しでも長く楽しみたい私は、秋の声を聞き始めるとコンポートやジャムをたくさん作って保存するようにしています。

この本を手に取ってくださった方も、きっと桃を愛する方だと思います。

皆様の心に響くレシピがひとつでも多くあることを願っています。

藤沢かえで

大好きなフルーツはいろいろありますが、中でも一番は何？ といわれたら、迷わず桃！ と答えます。

桃の香り、ジューシーさ、そして淡いピンク色の容姿。生まれ変わったら絶対桃になる！ ただし、ずっと人に食べられないでいられる桃ね。

桃のベッドがあったらな〜と妄想するほど、桃に囲まれて、あの香りに包まれているのが幸せなのです。

もう10年以上になるでしょうか。減農薬で作られている山梨の農家さんへの桃狩りは、私の欠かせない年中行事になっています。

桃の木の下で、これが食べごろかな？ これかな？ と、桃の香りでいっぱいの木の下にいるのが本当に幸せです。

そんな大好きな桃のお菓子のレシピ本を作らせていただけるなんて、なんて光栄で、なんと贅沢なことでしょうか。

桃は旬も短いのでレシピ発表のタイミングが難しく、皆さんにお届けする機会が少ないことを以前から残念に思っていました。

お店のレシピ開発の仕事でも、生の桃は変色などが早いため、何度かトライするも実現できないことが多く、なかなかメニューにのせることができませんでした。

それが、こうして桃を思う存分使ったお菓子を作ることができ、レシピを発表できる日が来るなんて。

本を作っている間、昔々、憧れだった喫茶店で食べた焼きたてのタルトを思い出しました。生地がまだ温かいうちにのせた、切りたてのフレッシュな桃とサクサクのタルト生地とのバランスの素晴らしさ。あのとき、もっと桃のおかわりがしたかった。「フレッシュ桃のタルト」（P72）は、そのときの思いを込めた、フレッシュな桃たっぷりのレシピです。桃のミルクティーから思いついた一皿や、「桃のオープンサンド」（P83）などもご紹介しています。そう、おうちで作るのですから、生の桃を添えているお菓子は、好きなだけ桃を添えて食べたっていいのです！

いっぽう、コンポートにして桃の魅力がさらにたっぷり伝わる焼き菓子も作りました。生の桃とは違う焼き菓子の楽しさも味わっていただきたいです。

桃は火を入れると、風味が強まり、しっかりした味わいになります。桃のおいしさをさらに味わうためにも、ぜひコンポートやジャムから作ってみてください。かわいい色のコンポートのシロップは、ゼリーにしたり、ソーダにすることで、また楽しみも広がります。

桃の季節に、かわいい桃を愛でながら、この本とともに、桃のお菓子づくりを楽しんでいただけたらうれしいです。

今井ようこ

今井ようこ（いまい・ようこ）

サザビー アフタヌーンティーの企画開発を経てフリー。企業との商品開発のほか、マクロビベースの料理教室roof主宰。著書に『バター・卵なしのやさしいパウンドケーキ Steamed & Baked』（河出書房新社）、『ふんわり、しっとり 至福の米粉スイーツ』（家の光協会）、『まいにち食べたいヴィーガンスイーツ』（立東舎）ほか多数。

藤沢かえで（ふじさわ・かえで）

イル・プルー・シュル・ラ・セーヌフランス菓子本科・卒業研究科修了。パリEcole Ritz Escoffierにて本場のフランス菓子を学ぶ。サロンスタイルのお菓子教室l'erable主宰。

丸ごとコンポートからババロア、アイスクリーム、
パウンド、タルト、ショートケーキまで

桃のお菓子づくり

2020年6月17日　発行　　　　　　　NDC596

著　者　今井ようこ、藤沢かえで
発行者　小川雄一
発行所　株式会社 誠文堂新光社
　　　　〒113-0033 東京都文京区本郷3-3-11
　　　　［編集］電話03-5800-3614
　　　　［販売］電話03-5800-5780
　　　　https://www.seibundo-shinkosha.net/
印刷・製本　図書印刷株式会社

撮影　　　　　下村しのぶ（P2～3、P6～59）、
　　　　　　　邑口京一郎（表紙、P1、P4、P60～109）、
　　　　　　　島田かよこ（P8～58の手順カット、P106、P108～109の一部）
スタイリング　曲田有子
デザイン　　　髙橋朱里、菅谷真理子（マルサンカク）
校正　　　　　ケイズオフィス
調理アシスタント　池田香織、真﨑慶
編集アシスタント　櫻田浩子
企画・編集　　斯波朝子（オフィスCuddle）

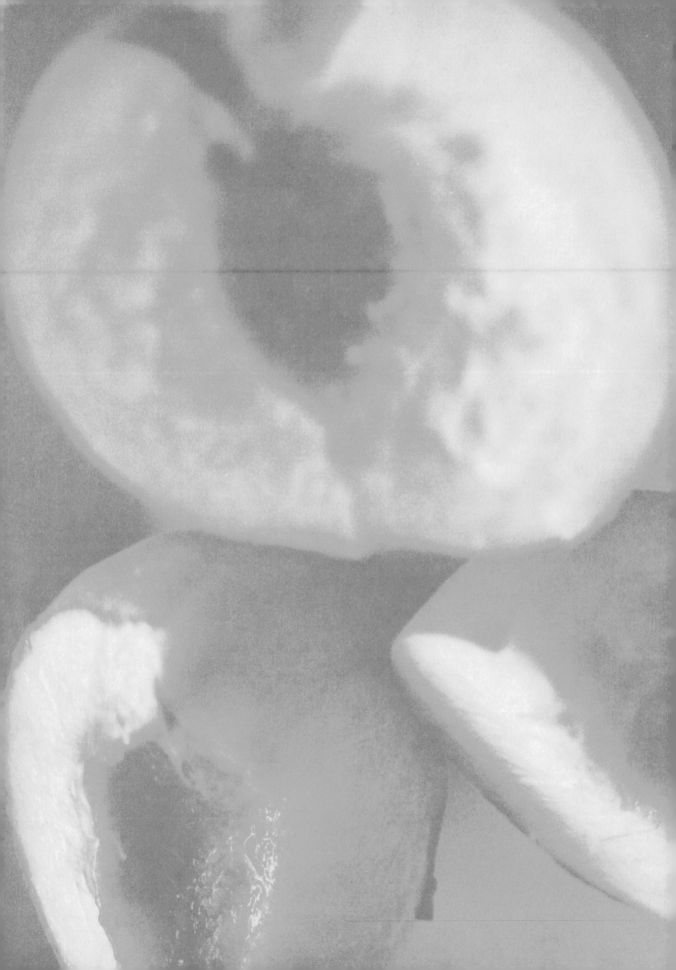